国际科学期刊封面图像学

崔之进 著

东南大学出版社
SOUTHEAST UNIVERSITY PRESS

·南京·

图书在版编目(CIP)数据

国际科学期刊封面图像学 / 崔之进著. —南京：东南大学出版社,2019.12
 ISBN 978-7-5641-8730-9

Ⅰ.①国… Ⅱ.①崔… Ⅲ.①学术期刊—封面—平面设计 Ⅳ.①G237.5②J511

中国版本图书馆 CIP 数据核字(2019)第 282454 号

国际科学期刊封面图像学 Guoji Kexue Qikan Fengmian Tuxiangxue

著　　　者：	崔之进
策划编辑：	张仙荣
责任编辑：	杨　艳
出版发行：	东南大学出版社
社　　址：	南京市四牌楼2号　　邮编：210096
出 版 人：	江建中
网　　址：	http://www.seupress.com
电子邮箱：	press@seupress.com
经　　销：	全国各地新华书店
印　　刷：	江苏凤凰数码印务有限公司
开　　本：	700 mm×1000 mm　1/16
印　　张：	14.75
字　　数：	248 千字
版　　次：	2019 年 12 月第 1 版
印　　次：	2019 年 12 月第 1 次印刷
书　　号：	ISBN 978-7-5641-8730-9
定　　价：	56.00 元

本社图书若有印装质量问题,请直接与营销部联系。电话(传真):025-83791830

序

黄乃正

中国科学院院士
香港中文大学新亚书院院长
香港中文大学荣休教授兼研究教授

很多人在概念上都认为科学与美学不能混为一谈,理性与感性永远是相悖的两条大路;科学是客观而理性,而美学则是主观而感性,然而却忽略了他们两者共同的目标方向。科学家穷一生的精力不断在自己的研究领域中探索,以求验证出所预设理论的正确性和发展性,在未得确证前的目标都是抽象而空泛;而艺术家则为表达内心的世界而将感性现于具体创作之中,力臻完美,也是不能触摸;但两者其实都向着追求至美至真的目标进发,只是分别在不同的轨迹上各自努力,然而对追求真和美的境界却是不谋而合;真、善、美本就是人类在不同领域中向上追求的最高层面。

殊途而同归,在追求和探索的历程中他们彼此相遇了,并让自身绽放的光芒互为映照、互为呼应,使历程更见绚烂。光芒与融合巧妙地使科技披上了普及性和传播力,让世人借着美学之感性诠释的介入,使艰涩的科学理论更具生活化和形象化地显现出来,吸引读者的兴趣,因而扩大科研对社会的透明度和影响力,所以科学与美学的融合可说是人文发展的正确路向。

之进的夫婿贾振华教授曾经与我一起从事科学研究,而之进是艺术工作者,他们夫妇俩可说是天作之合,是科学与艺术的结合!之进为 Angewandte Chemie International Edition 第 45 期的"亮点论文"作封面设计,结果好评如潮,获得各方面的认同和赞赏,也展开了她以美学作为科学理论诠释的第一步。这本书集结了她对科学与美学之间关系的理解和分析,以及两者融合的发展趋势,并且解说了图像如何利用了视觉文化将科学理念解读,最后讲述了近年中国文化元素的介入,使图像更加丰富和独具中国文化特色。

如果我将科学比喻为矩形,之进就是站在矩形的黄金分割坐标上,将科学理念最美的形态展现在读者眼前,我深切期盼下次在坐标上与她相遇。

前言

崔之进

前　言

《国际科学期刊封面图像学》的创作灵感来源于2013年，我荣幸地获得Angewandte Chemie编辑部的邀请，为第45期"亮点论文"设计封面图片，论文作者是加拿大皇家科学院院士、教授李朝军博士（Prof. Dr. Chao-jun Li）。

该封面中我设计的图像遵循视觉效果优于科学原理的设计原则，在准确再现金属银作为催化剂，水为反应溶剂通过氢化反应还原有机化合物醛为醇这一化学反应的同时，还以简洁的艺术美方式展现了这个过程，将一粒在空中快速飞行的银子弹放置在化合物反应的水环境中，并布置蓝绿色的色调，使得构图简洁又生动，获得编辑部的好评并被发表（图1）。这次经历点燃了我探究科学美与艺术美结合的兴趣。

图 1　*Angewandte Chemie International Edition* 2013年第45期封面设计（崔之进）

本书的逻辑起点是：在图像转向的背景下，以W. J. T. 米歇尔提出的批判图像学为视阈，对国际科学期刊封面图像进行视觉文化、形象文本的语言性、元图像的自我指涉、异质混合关系、差异比喻与超越比较等几个方面进行研究，以此提出建设我国科学期刊封面图像的建构策略。

本书稿行文中所引"科技期刊"与"科学期刊"在本书中属同一范畴，在文中不再作注。

感谢我的课题组同学们的辛苦付出！李晓伟同学对书稿的整体框架提出建议，并协助完成绪论中美学与科学融合的趋势、科学美学对科技传播的影响、科学图像对科学发展的呈现等内容的研究;袁竞雄同学收集并协助完成"CNS"期刊封面中国画图像增殖与儿童艺术符号等内容的研究;杨俊宁同学对2018年 Nature 期刊封面图像的创作机构进行调研,并协助完成调研报告;姚晓同学、黄纬茜同学、许纯瑶同学分别对艺术生态学的可视化呈现、艺术人类学的可视化呈现、艺术符号学的可视化呈现内容进行整理,并协助完成该部分内容的研究与撰写;姚鹏同学协助完成书稿的校对工作。

"秋水文章不染尘。"科学理论具有风格,结构美和逻辑美是它的最高境界。美学又名"艺术哲学",哲学是理性的最高形式,它以美学为媒介,联系科学与艺术。科学图像是科学与艺术紧密联系的双生莲,祈愿这枚莲花无边盛开,散发芬芳。

书中插图的彩色版
可扫码获得

目　录

序 / 1
前言 / 1

第一章　绪论 / 1

   1.1　美学与科学融合的趋势 / 3
   1.2　科学美学对科技传播的意义 / 4
       1.2.1　科学美学的内涵与外延 / 4
       1.2.2　科学美学的发展与分歧 / 6
       1.2.3　科学美学中存在的疑问与反思 / 7
       1.2.4　科学美学对科技传播的推动作用 / 8
   1.3　科学图像对科学发展的呈现 / 10
       1.3.1　前沿科学技术的可视化呈现 / 10
       1.3.2　国内外研究现状 / 11
       1.3.3　科学期刊封面图像的视觉语言 / 13
       1.3.4　米歇尔图像学视阈中的科学图像 / 15
       1.3.5　总结 / 18

第二章　批判图像学视阈下的科学期刊封面图像 / 19

   2.1　米歇尔图像学视阈下的科学图像 / 21
   2.2　科学期刊封面图像学研究现状 / 22
       2.2.1　国内外研究现状 / 22
       2.2.2　国内外研究趋势 / 23
   2.3　科学期刊封面图像创作机构调研 / 23
   2.4　科学期刊封面图像研究方法 / 51
   2.5　科学期刊封面图像设计原则 / 51
       2.5.1　科学期刊封面的视觉表征类型 / 51
       2.5.2　图像设计原理 / 52

第三章　科学期刊封面图像中的"视觉文化" / 55

3.1 科学图像的视觉吸引力 / 57
3.1.1 AIDMA 理论 / 58
3.1.2 "7 秒定律" / 58

3.2 封面图像的色彩语言 / 59
3.2.1 增强色彩层次感 / 59
3.2.2 提升色彩象征性 / 60
3.2.3 感应色彩时代性 / 60

3.3 科学期刊封面图像的艺术特征 / 61
3.3.1 色彩对比之美 / 61
3.3.2 名画改编之美 / 63
3.3.3 "少即是多" / 65
3.3.4 抽象组合之美 / 66
3.3.5 色彩构成之美 / 66
3.3.6 高级灰调之美 / 67

3.4 科学期刊封面的形象表征 / 67
3.4.1 学术严谨性 / 67
3.4.2 文化包容性 / 67

3.5 科学期刊封面图像的传播意义 / 68
3.5.1 科学期刊封面图像的重要性 / 68
3.5.2 科学期刊封面图像的艺术与科技价值 / 69

第四章　科学期刊封面图像中的"鲁宾之杯" / 71

4.1 "鲁宾之杯"图像学阐释 / 73
4.1.1 格式塔视知觉理论产生的背景 / 73
4.1.2 "鲁宾之杯"图像 / 74

        4.1.3 共生与正负 / 75
    4.2 科学图像中的"鲁宾之杯" / 75
        4.2.1 简化与张力 / 75
        4.2.2 意义与视觉冲击力 / 77
    4.3 格式塔理论的启发 / 80
        4.3.1 提高吸引力 / 80
        4.3.2 突破时空感 / 80
        4.3.3 体现社会价值 / 81
    4.4 小结 / 82

第五章 国际科学期刊封面图像范式 / 83

    5.1 艺术符号学的可视化呈现 / 85
        5.1.1 *Cell* 期刊封面中的儿童艺术符号 / 85
        5.1.2 儿童艺术符号的发展路径 / 89
        5.1.3 儿童艺术符号的图像表现 / 90
        5.1.4 启示 / 98
        5.1.5 总结 / 101
    5.2 艺术人类学的可视化呈现 / 102
        5.2.1 "CNS"期刊封面图像中的远古艺术符号 / 102
        5.2.2 原始洞穴壁画的"象征性行为" / 103
        5.2.3 祭祀仪式中的"象征性行为"模式 / 111
        5.2.4 文化遗产的"原址保护"模式反思 / 119
        5.2.5 结论 / 123
    5.3 艺术生态学的可视化呈现 / 124
        5.3.1 从"CNS"期刊封面看生态美学中的"平衡" / 124
        5.3.2 "平衡"生态美学的发展脉络 / 127
        5.3.3 封面图像中的生态美学 / 130
        5.3.4 生态与科技的动态平衡 / 139

5.3.5 总结 / 141

第六章 前沿科学成果中的"中国元素"图像 / 143

6.1 "中国元素"的内涵与外延 / 145

6.2 "中国元素"的类型与区分 / 146

6.3 "太极元素"元图像的自我指涉 / 151

  6.3.1 太极图像的诞生与含义 / 151

  6.3.2 "太极符号"的"所指"含义 / 153

  6.3.3 总结 / 157

6.4 "CNS"期刊封面中的中国画图像增殖 / 157

  6.4.1 研究背景及对象 / 157

  6.4.2 国内外研究现状 / 160

  6.4.3 创新点 / 164

  6.4.4 研究目的及意义 / 165

  6.4.5 研究内容及方法 / 167

  6.4.6 中国画图像增殖意义 / 168

第七章 国际科学期刊封面图像的互文性 / 171

7.1 图文关系陌生化 / 173

  7.1.1 引言 / 173

  7.1.2 图文关系陌生化范例 / 175

7.2 元图像的自我指涉 / 177

  7.2.1 启示 / 180

  7.2.2 总结 / 182

7.3 图文关系的差异比喻与超越比较 / 183

  7.3.1 科学期刊封面经典图像改写 / 184

  7.3.2 经典图像改写的内涵和外延 / 185

7.3.3　经典封面图像示例　/　186

第八章　国际科学期刊封面图像学研究的经验与启发　/　197

8.1　色彩设计启示　/　199
8.2　视觉传播启示　/　200
8.3　"中国元素"传播启示　/　201
8.4　国内科学期刊封面图像问题　/　203

第九章　总结　/　207

9.1　艺术与科学的关系　/　209
　　9.1.1　科学与艺术都需要灵感与想象　/　211
　　9.1.2　艺术与科学都需要逻辑　/　212
9.2　科学对艺术的影响　/　212
9.3　艺术对科学的影响　/　213
9.4　我国科学期刊封面图像应对策略　/　214
　　9.4.1　创建前沿艺术科学工作室　/　214
　　9.4.2　提升综合审美意识　/　214

后记　/　215

第一章

绪 论

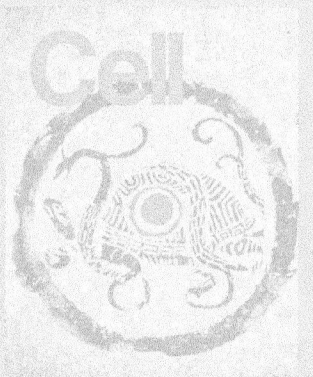

1.1 美学与科学融合的趋势

美学与科学属于两个不同的学科,美学是哲学之下的一个分支学科,研究内容为人与世界的审美关系,通过各种人为因素的综合调整,以表现隐含的美学观念,与人类的感性认知相关联。科学是认识世界的实践方法,如地理、生物、物理、化学等,通过实践检验客观事物形式的知识,更加注重人类的理性认知。

18世纪中期,美学概念初步建构,美学与科学就伴随着人类历史的发展,一同进步,成为人类文明产生与发展的最佳佐证,并逐渐进入人们的视线。

作为人类文化发展的两极,美学与科学的关系,自从有人类史记载伊始便被探讨。在以往的认知中,美学与科学有着本质的区别。

首先,美学与科学象征人类不同思维发展的结果。正如人脑有左右之分,理智与情感同样各有作用、不可替代。美学具备差异性,追求精神层面的审美认知;科学则因其非主体性而具备物质性与实用性。其次,美学赋予世间万物情感与美感,科学则偏向严谨细致。美学要求美学家忠于内心感受,移情于世间万物;科学则要求科学家基于客观事物的本质,揭示现象与规律。此外,美学是个性的,科学是共性的。美的界定中充满各种人为因素的综合,具备时间性、地域性、社会性、文化性等特质;科学原理是集体性的,不受制于时空限制,受到国际的认可。

科学史论缔造者乔治·塞顿(George Sarton)认为:"科学的本质是不断进步……每项成就或早或晚注定要被更好的成果所取代,失去其实用价值。"在他看来,艺术作品则与科学成果恰恰相反,"正由于艺术并非不断进步,其作品就可以永葆青春"①。德国哲学家汉斯·赖欣巴哈(Hans Reichenbach)同样指出,在部分人眼中,科学的逻辑分析能力无法与感情并长,这部分人的生活经历可能与其他人文学者同样精彩,但是相较于将审美思维与理性认知相混合,这部分人更加愿意选择"呼吸逻辑的领悟和深思的纯洁空气"。

进入信息时代,科学与美学已不再是一组对立的概念,人们对于真与美的追求在新时代得到交汇。美学与科学虽然存在多方面差异,但他们都是客观事实在人脑中的不同反映结果,与人类的实践活动密不可分。

意大利哲学家克罗齐(Benedetto Croce)在《美学原理》中指出:"直觉知识与理性知识的最崇高的焕发,光辉远照的最高峰,像我们所知道的,叫作艺术与科学。艺术与科学既不同而又相互关联,它们在审美方面交汇,每个科学作品同时也是艺术作品。"②中国科学家李政道在讲话中也曾形象地将艺术与科学比作一个硬币的两面,"它们源于人类活动最高尚的部分,都追求着深刻性、普遍性、永恒和富有意义"③。在人类历史发展的过程中,科学技术的进步,促进艺术形式的产生与发展,进而推动艺术美学的不断发展;而美学在一定程度上又反作用于科学的发展。在列宁看来,科学认识和审美认识同样需要透过现象深入至本质内容,两者是可以统一的。美学与科学之间互相交融与补充。

21世纪,美学与科学的整合是必然趋势,在艺术存在的层面上,赋予全新的存在方式与内容,同时,科学领域也开始注意到与美学的交叉与融合发展。

1.2 科学美学对科技传播的意义

1.2.1 科学美学的内涵与外延

科学美学是社会科学和自然科学在发展中发生相互渗透、相互交集而产生

---

① 乔治·塞顿.科学的生命[M].刘珺珺,译.北京:商务印书馆,1987:20.
② 克罗齐.美学原理[M].北京:外国文学出版社,1983:32.
③ 李政道.李政道文录[M].浙江:浙江文艺出版社,1999:145.

的新型交叉学科,它既是现代科学的重要部分,也是美学向科学领域延伸而产生的新领域。

科学美学的主要研究对象是:自然科学中的美学规律,既包括发现与运用在自然科学中的美学规律,也包含对自然科学衍生出来的技术产品的审美规律。

科学美学的研究目的包含两个方面:一方面,探索自然科学理论系统中的美学思想;另一方面,发掘自然科学理论系统中具象化的、科技产品中的美学问题。

科学美学研究思路有三个方面:第一,对科学美感本身的研究,界定审美对象与审美范畴,即组成要素、具象特质、抽象本质;第二,科学美与其他形式美之间的联系;第三,对科学美欣赏主体的研究。科学美感并不仅仅存在于科学之中,也存在于科学研究者的认知之中。探索科学美感时,需要研究具有一定科学知识水平的人,在对科学原理理解、具象客体形象、创造主体形象的主观认知,以及对科学中公式、假设、推导、证明乃至整个理论系统的鉴赏中,所表现出来的心理状态。科学美感是科学作用下,人们的认知、情感、思维等功能的综合产物。

此外,科学美学的研究还包含对审美价值的反思。科技产物实质上是自然科学理论的具象化产物,它代表人类对自然界的理解与应用水平,是科学审美的产物。科技产物的日益丰富与复杂,表明人们对自然界的认识不断深入,创造才能与技术水平不断提高。人们的审美对象范围也不断拓展,对具体的图像、景象的审美,拓展出对科技产物的审美,以及对于科技产物背后蕴含的抽象理论的审美。人类对于自然的审美认知进入更深刻的层面。

同艺术美学一致,科学美学的审美价值同样源于审美客体具有的、满足人类需要的、给人以美的享受的特质,这种固有的审美价值又进一步决定审美感受的内容与程度。

回溯科学的产生与发展过程不难发现审美冲动对科学发展的作用与意义。主观上,审美冲动满足了科学发展追求完善的动力需求;客观上,审美冲动满足了科学实践与理论、理论与理论之间的矛盾,产生被动的需要。科学研究者致力于建立完善的、一致的、形式与内容上都无可挑剔的科学理论,这种驱动精神本身就是人类追求美感的体现。在某种程度上,美感一直是推动科学理论进步的潜在精神动力。

1.2.2 科学美学的发展与分歧

科学美学作为新兴学科,其出现得益于20世纪以来科学的迅速发展与人文意识的崛起。一方面,科学研究者在科技研究生产之中,增加了人文考量的维度,更加注重艺术价值的选择导向;另一方面,科学的思维方式也影响人文学者对人文学科的研究,逐步跳脱传统的框架。

自19世纪自然科学兴起,自然科学与人文学科领域之间的合作就不曾停止。自然科学的进步,促使人文学者对传统哲学的经典课题,例如现象与本质、物质与意识、主体与客体等的关系问题,产生新的理解角度,甚至在此基础上,为近现代哲学提供了崭新的灵感来源。

与哲学息息相关的美学在这个过程中也表现出科学的倾向。诸多美学家在科学中找到美学与科学之间的和谐性。李泽厚先生率先在《美的历程》一书中将美分为自然美、艺术美、社会美以及科学美,这是中国美学历史进程中首次提出"科学美"这个概念,并将美学的范畴拓展到自然科学领域。

随后美学家陈望衡等人发文支持李泽厚先生的理念,提倡将"科学美"看作"美的一种类型",归入美学范畴之内,并追加了对美学原理的阐释。这一概念的提出,进一步消弭了科学家与人文学家之间的鸿沟,使得科学与美学的融合得以实现。对科学美的认识或许有助于构建人文科学与自然科学在美学上的沟通,消弭二者长久以来的裂缝,借此丰富美学的内涵,推动科学美学在新时代的进步。

科学家与美学家对于科学美的理解大相径庭。科学家认为的"科学美"是基于个人对自然规律及其定义与特征感受的描绘。科学家常常将自己对于科学的体验与绘画、音乐等传统美学的对象联系起来,例如,罗素从《几何原本》中"读出音乐般的美妙",达尔文将热带植物比作"一幅朦胧而无限美丽的图像"等。科学家在对研究对象进行审美时,更多的是将美学作为一种评价尺度,他们希望自己的理论成果不仅可以认识客观的物质世界,还能为人们的生活带来精神上的满足、美学上的享受。

美学家偏重主体在面对一个科学理论时的审美感受,他们试图对这种感觉做出精确的描述。人们在面对具有"科学美"的客体时,主体会在什么部分产生审美冲动?这种审美冲动会带来怎样具体的心理变化或生理感受?凌继尧对此做出的回应是,科学美感意味着具有科学美的客体在作用于审美主体后,主体感到满足、愉快等的心理体验。具体表现为科学美的研究对象让人产生瞬间的、爆发性的身心舒畅或是心理激荡的体验,使人进入亢奋状态,甚至进入沉醉、忘我的境界。

科学美学不仅研究科学与美学的关系,还应用于科学与艺术的关系方面。否则,科学美学会因为缺乏艺术理论基础而显得抽象、空洞、缺乏内涵。科学美学在探索自然科学理论系统中,艺术因素在何处产生、如何随着科学技术的发展而变化,以及其对于科学体系的作用、在科学体系中的地位如何等。脱离科学与艺术的关系来理解科学中的美,就如同脱离艺术与科学的关系去探索艺术中的真,是荒谬且无法令人信服的。

迄今为止,科学美学仍然有很多值得探讨的课题,例如,科学与艺术的关系对科学美学会产生怎样的影响,现代科学与现代艺术的发展又将为科学美学的理解带来怎样的转向等问题。

科学与人文的对立,很大程度来源于实践层面的分歧。例如,科技的进步,造成人类的异化与自我意识的掩盖,以及人与自然的对抗关系等。因此,相当一部分人本主义学者主张用艺术弥补科学技术,消解技术带来的负面影响。于是,对技术与美学、技术与艺术的关系的研究,成为当代至关重要的话题,它对于促进科学与艺术的相互渗透,消除科学与人文之间的裂痕,具有重要的意义。

1.2.3　科学美学中存在的疑问与反思

黑格尔认为,美学的基础是艺术,而非科学。美学的研究对象包含"广大美的领域",即艺术,美的艺术。美学这门学科应当被重新定义为"美的艺术的哲学"。显然,在黑格尔美学体系中,科学被排除在美学的研究对象之外。

英国美学家鲍桑葵同样认为"美"这个观念,更多的让人联想到的是艺术而非科学。这种狭隘的认知模式,作为一种排他性的思维,不仅阻碍科学美学的发展,还导致美学发展停滞不前。就科学史的角度而言,科学研究如同艺术活动一样,自产生以来,就存在着对美感的满足的需要。众多的科学家在科学研究过程中,不仅追求内容上的"真",即理论内容能够帮助反映客观的物质世界;还追求形式上的"美",即理论结果在形式上符合人类的美感需求,例如欧拉公式等。

科学家的审美倾向与体验,为科学家追求知识与真理提供了持续的精神动力,并在长期的科学发展过程中渗透在科学研究过程之中,使审美规范内化为一种科学研究规范,成为理论成果评价的重要参考。有不少学者注意到科学研究当中审美规范的出现与衍变,甚至有人将科学的革命视为审美的剧变。因此,科学美学研究绝不应当在元科学研究中边缘化,而应当作为探讨科学进步的核心问题,获得正视与认同。

从美学的发展历史来看,"美学"(aesthetics)作为一个专有名词,出现在十八世纪下半叶。美学作为一门学科的出现,也不过两百多年。如果科学美的内容,以及给予主体的感受与艺术美不同,那么,研究科学美学将不仅代表一门新的学科的成立,还能为整个美学学科注入新的内容与动力。

"美"作为人类的一种主观感受,本身就具有多样性与复杂性,不应当被局限于某个客观范畴内,而应当随着时代的发展、人们认知的不断拓展,去丰富其内涵;反之,不断丰富的"美"的概念,又作用于时代,引导人类以更加广阔的视野审视"科学美",培养科学美感。

1.2.4 科学美学对科技传播的推动作用

科学美学以科学与美学、科学与艺术、技术与美学、技术与艺术作为研究对象,搭建科学与艺术学科对话的平台,对科技的发展与传播具有推动作用。

科学美学为科学技术的进步创造了良好的文化氛围,让更多的人关注到审美在科技发展中的重要作用。这种良好的文化氛围促进了科学技术本身的进步,同时,对科学技术可能引发的人类异化问题、人与自然的对立问题,起到警醒、制约的作用。一方面,现代化国家的建立与发展,必须建立在不断进步的科学技术之上,科技作为第一生产力不可能被放弃;另一方面,西方的后现代主义思潮的出现,虽然与我国建设现代化国家提倡的奋斗精神不一致,但作为发达国家在成功建设现代化国家后出现的精神危机,足以引起国人对科学技术的负面影响的警惕,在经济高速发展的同时,应注重以人为本,重视精神文化的建设。

科学美学建构的科学与美学之间对话的平台,除去营造外部适宜于科学研究的审美环境,还须聚焦对科学研究内部的关注,包括注重对科学工作者关于科学美感、科学审美意识的培养。通过科学工作者平台扩大宣传效果,促进科学工作者生发出对科研的热情与创新意识,从中获得精神动力,从而在科学研究过程中,获得满足感、成就感、责任感,大力推进我国科学发展。

科学工作环境中的审美因素十分重要。假如按照实证主义标准,将科学存在意义简单归纳为"效用"与"功能",不但是对科学研究本质的偏见,也是对科学工作者满腔热忱的否定。

科学美学对于克服狭隘的实证主义与世俗的功利主义观念,发挥着重要的作用。科学美学不仅是为了让有所成就的学者感受到科学之美,还为了使所有参与者甚至旁观者,都能体会科学的美与高尚;不仅能让人们理解真理,也能理解美、享受美,使科学研究成为自由的、具有吸引力的活动。

实现技术与艺术、技术与美的融合发展,将成为人类现代技术史的一次重要变革。古希腊时期,虽然有技术与艺术、技术与美结合的理念,但由于当时生产力水平低下,并不具备二者结合发展的外部环境。

进入近代,随着实验的运用与自然科学的独立,人类技术史发生第一次工业革命。它使得当时社会生产力发生质的飞跃,也使得科学意义上的技术出现,这是人类转向近代化与现代化的开端。然而,技术与科学结合的过程中,逐渐丧失了原初的、人文的维度,忽略了对美与善的追求,导致社会在近代化与现代化过程中出现人类异化、人与自然对立等负面影响。

当代,在发达的科学技术基础上,重构技术与艺术、技术与美学的联系,使技术在科学层面上恢复人文层面的思考,以满足人类对真、善、美的需求,即既满足人们物质条件的需求,又满足精神需求。

技术与艺术、技术与美学之间关系的重新构建,显然不只是科学美学关注的问题,更是科学与人文弥补裂痕、消解界限的着眼点之一。技术若能实现这种转变,不仅能解决人、自然、社会的负面问题,还能加强科学与人文的沟通,提供丰富的物质财富与精神财富,为彼此的领域注入新的灵感与活力,使人类的文明上升到新的高度。

1.3　科学图像对科学发展的呈现

1.3.1　前沿科学技术的可视化呈现

具有艺术张力的科学图像,有利于使受众对科学信息产生兴趣,从而进行获取,如此可以更有效地传播前沿科学成果。

科学图像的应用,不仅有助于科学成果通过极具视觉冲击力的形式来吸引受众的阅读兴趣,对公众不断扩大社会影响力,还能体现科学成果的独特性与科学期刊的专业性,促进科学研究与期刊封面图像的共同发展。

前沿科学技术在期刊封面上的可视化呈现,实质上是传播学理论与前沿科学研究的融合,是科学美学发展的具体应用,是一门跨学科领域的新兴产物。

1987年美国计算机科学家布鲁斯·麦考梅克(Bruce H. McCormick)首次定义"科学可视化",即通过使用计算机创作视觉图像以辅助受众完成对复杂的科学技术概念的完整认知过程。早期受到可视化处理的往往是科学数据变换,通过计算机图像处理技术可以将科学数据转化为更易理解的图形。而在2007年ACM SIGGRAPH科学可视化研讨会中,"科学可视化"这一主题涵盖范围进一步延伸并与艺术学科形成交叉领域,而科学期刊封面图像恰好契合这一主题。

国际科学期刊 *Nature*,*Science*,*Cell* 作为科学期刊业界翘楚,十分重视对期刊封面图片的选用,擅长在"科学美"之中发掘"艺术美"。

Nature,*Science* 是国际首屈一指的老牌综合科学类SCI期刊品牌,*Cell* 则是发表生命科学领域研究进度与成果展示的新兴SCI期刊品牌,近年来与

Nature，*Science* 并称为"CNS"期刊，成为国际前沿科学期刊的代表。由于国际三大顶级科学期刊中使用封面图像的论文"被引用次数要远高于普通文章"[①]，表明期刊封面图像可能会提升文章受关注的程度。

例如，在 2011 年 11 月 *Science* 期刊封面中，选用一只微距摄影拍摄得到的饮水的猫作为封面图片，与麻省理工大学罗曼·斯托克（Roman Stocker）教授通过实验统计猫在舔舐一定量牛奶所需次数来分析家猫与野猫在单次舔舐所获得的不同牛奶量的热点论文相接轨。2013 年，东南大学艺术学院崔之进副教授受邀为世界顶级化学期刊 *Agnewandte Chemie* 设计论文 *Silver-Catakyzed Hydrogenation of Aldehydes in Water* 的主题封面，"将催化剂'银'设计为一颗子弹"，令其在"有机相与水相两相之间穿梭跳跃"[②]。封面图像将前沿科学研究成果最大限度地具体可视化展示给大众，使其同时兼有艺术性与宣传功能，是艺术与科学之美结合的完美范式。

顶级科学期刊封面图像是将前沿科学研究进展与科研成果向受众展示的最高水准平台，而 *Nature*，*Science*，*Cell* 作为科学期刊行业引领者，利用高超的封面故事制图水准，可以第一时间冲击受众的眼球，提高其受关注度，极大程度地扩大其社会影响力，为科研成果的传播起到极佳的宣传作用。

目前，国际科学期刊封面图像设计主要分为两类途径。第一类途径，期刊方会向论文作者提出期刊封面图像的要求，用于反映论文的核心内容与结论，因为被选中的期刊封面图像所对应的论文必然反映该领域最先进的研究成果，需要确保图片的精准性以及与论文核心的契合度。第二类途径，如果论文作者本人难以胜任或者提供的图片不符合编辑要求，将会收到期刊方的封面图像设计协助，此时会向论文作者征求封面的科学研究成果展示图片，交由期刊方的可视化设计团队对封面图像进行专业化设计。

1.3.2 国内外研究现状

目前，国外以 *Nature*，*Science*，*Cell* 三大期刊为首的科学期刊共计一千余

[①] 王国燕.科学图像传播[M].安徽：中国科学技术大学出版社，2014：9.
[②] 崔之进.世界顶级科学期刊封面装帧图像学研究[J].编辑之友，2016(1)：84-87.

种,具有封面图像设计的占据三分之一。我国发行的科学期刊共计五千余种,将近占国家期刊发行总量的一半。然而其中中文科学期刊封面可视率相较外文期刊平均低5个百分点①,大部分的科学期刊仍然不使用期刊封面图像或者使用灰暗、刻板的固定封面图像,与国外科学期刊封面精致的图像设计形成鲜明对比。在设计水准、学术规范上,国内科学期刊都在不同程度上落后于国外科学期刊封面的表现,国内科学期刊封面极少使用原创性的创意设计图片,同样缺乏专业的可视化设计团队,期刊封面甚至连排版格式上都可见低级错误,对于封面广告的现象也缺乏整顿。较国外科学期刊封面的完善体系而言,国内科学期刊封面仍有一个较长的学习过程。

而在学术研究方面,国外对于国际科学期刊封面图像学主题还没有专门的文献与专著发表,即使是国际科学期刊封面图像研究的相关论文也是屈指可数。在中国知网以"scientific journal"与"cover"为关键词对论文篇名进行搜索,可得到的检索结果只有重复的1篇文章②,该文章聚焦于科学期刊封面图像存在的必要性;而在 Web of Science 对论文篇名进行搜索可得到的结果中只有3篇与科学期刊封面图像有关。虽然国外并没有关注顶级科学期刊封面图像以及图像学的相关学者,但是科技技术的更新迭代同样致使国外的艺术形态更加多元化,不断落实科学技术与成果的实际运用,并形成科学可视化的真实案例。

2019年9月,在知网上以"科学期刊"与"封面"为篇名关键词进行搜索,可查得20年间发表文献共计91篇(其中有1篇文章重复已除去),多数论文从封面图片设计角度着手,只有较少论文针对专业学科,其中对于科学期刊封面图像学的研究更是屈指可数,而专著则只有王国燕的《科学图像传播》,该专著从传播学以及科学可视化角度对科学期刊封面图像进行分析,可见国内对于科学期刊封面图像的重视程度不足。

---

① 王国燕,张致远,姚雨婷.中外科技期刊封面图片的比较研究——基于中国国家图书馆3635种科学期刊的调研[J].中国科学期刊研究,2014,25(8):1075-1077.
② Yehuda Levy-Aldema. Visual Images on the Covers of Scientific Journals and Books — Needed or Decorations? [J]. Substance Use & Misuse, 2015(50):8-9.

1.3.3 科学期刊封面图像的视觉语言

科学期刊的封面图像对于期刊具有重要意义,因而在封面设计中所运用的视觉语言至关重要。期刊封面不但能够在物理层面保护期刊不受外界损害,而且可以体现科学期刊的专业素养与权威地位。

科学期刊封面图像设计需要有独特的设计思维,设计应当整洁美观,有独特的内容与风格,对于封面图像中的三种视觉语言元素需要重点关注。

其一,科学期刊封面图像中的色彩语言。色彩是最具备冲击力与感染力的视觉元素,其运用是封面设计整体效果的关键所在。在"读图时代"的大势之下,色彩语言的地位不言而喻。不同于其他视觉元素,色彩语言在图像语言、文字语言中均有所表现,极具表现张力。在科学期刊封面中将艺术形式与科学技术结合,通过色彩语言对内容进行重新编排,创造出全新可视化的视觉形象,将晦涩的科学知识通过生动造型展现给受众。

另外,色彩的搭配与选择对于期刊封面设计同样重要。色彩语言运用需要在充实封面多样性、美化期刊封面、提升受众关注度的同时,还要注重期刊的学术严谨性,运用不同色彩的对比或是搭配效果表现期刊的核心主旨。而针对不同侧重领域的期刊,对色彩语言的运用要有区别,需要根据期刊内容选择合适的色彩语言。一方面,由于不同色彩会带给观者不同体验,对于色彩语言的挑选必须谨慎,用于科学期刊封面的色彩语言应该兼具象征性、概括性和协调性,不宜选用过于复杂、夸张的色彩搭配,以体现科学期刊的严谨性与准确性,营造出符合科学期刊读者的审美氛围;另一方面,色彩的选择需要注重对比色,在不影响期刊封面主色调的情况下,通过多种次要色彩的组合与其形成对比,凸显出封面画面的主基调。在此基础上,充分利用明度、色相等方面的对比,添加色彩搭配以期达到突出主题的效果。就像 2013 年 11 月出版的 *Science* 期刊封面图像,所运用的几乎为纯色——红色、黄色、蓝色与绿色搭配,运用强烈的色彩反差并加以合理控制,完美体现了肺泡巨噬细胞对人体的调节保护作用,同时给予读者强烈的视觉冲击效果与吸引作用。

其二,科学期刊封面图像中的图像语言。图像语言在视觉语言中具备最为直观、明晰的特质,同时极富视觉冲击力。阅读期刊时最先映入受众眼帘的便是封面图像,在整个封面中图像占据很大面积,较之文字语言更加令人印象深刻,给人更加直接的感受,使得图像语言成为受众对杂志的第一印象,也成为科学期刊封面设计的关键所在。不同于文字语言与色彩语言,图像语言是一种世界通用的视觉元素,在具备明晰、直观的特质以外,还可以实现跨文化交流以及形成画面视觉中心等特点。对于科学期刊封面的图像在内容上也有诸多选择,主要是各种科研纪实照片、专业绘图、图案符号等元素。

对图像语言的要求,与色彩语言要求基本一致,需要与期刊的主旨相符合,切合主题,为期刊主题服务。此外,图像语言还应当遵循视觉规律,画面扣人心弦,尺幅排布适中。通过直观性、象征性的图像元素,给予读者视觉享受的同时使读者得以接触、了解科学原理。正如 2013 年 3 月 *Nature-Chemistry* 期刊封面图像,选用手绘风格描绘微观世界以描绘艾滋病药物的功效,将受众的视觉体验放在科学原理前位进行考虑。当然,图像语言并非一味追求视觉效果,恰到好处、简明扼要的图形语言也能达到良好的效果,比如《中国青年》2008 年数期都运用对比强烈的两种色彩突出主体形象,落落大方又丝毫不失特色。

其三,科学期刊封面图像中的文字语言。文字语言是科学期刊封面中不可或缺的组成部分,在科学可视化概念仍未普及的当下,对于文字语言的琢磨显然更早受到期刊的关注。而期刊封面的图文关系本为一体,共同为期刊主旨服务的重要性不亚于其他元素。科学期刊封面的文字语言一般包括刊名、责任者、引文和引句,此外还可能存在广告等其他文字内容。独树一帜的文字设计能给受众以截然不同的体验,合理的文字排版能够强化科学期刊封面的表意功能,同时还能激起观者的阅读欲望,提高该期刊的影响力与感染力。

对于文字语言实际应用,存在着三方面的要求。第一,字体方面而言,常用于期刊封面的字体主要有书法体、美术体以及印刷体三大种类,分别有艺术性强、可操作性高、规范性强的特质,是期刊封面设计的常备之选。然而伴随时代进步,又有新型、创意字体的产生,在包含文字本身具备意义的同时得以形象地传达期刊思想,为期刊设计提供了更广阔的选择平台。第二,对于字号方面,为求吸引读者的注意力,字号就需要多加推敲。在使用规范文字符号的情况下,将期刊名称和重要内容排版设计得更加显眼,以求突出期刊强调的侧重点,同属主义字体要大小错落有致,使排版设计具有层次感而不单一乏味,确保文字语言的视觉指代准确性,引导读者目光关注期刊的核心内容。第三,对排版方向而言,在文字语言的排版方向上,要善于运用科学原理,依据人类视线流动理论,人类视线往往遵从从左至右、从上至下的运动原则,因而最具视觉吸引力的位置通常是期刊封面的上方偏左角。如 2014 年 10 月 *Nature* 期刊封面图像,将期刊刊名最大字号放置于封面正上方,而封面故事与主要引文按次序排列在画面左上角。因此,可以将科学期刊所必需的词条按照重要性排列置于封面的左上角,让期刊封面的重点文字部分优先得到受众阅读,其余次要信息可以通过视觉流动轨迹有序排列。

通过对色彩语言、图像语言、文字语言三方面的综合分析,可以得知科学期刊封面视觉元素的特征以及规范要求,同时强调科学的严谨性与艺术的独特性。伴随着科学美学的不断发展,对于科学期刊封面图像的要求也水涨船高,应建立起独树一帜的期刊品牌图文关系的转变。

米歇尔提出所有艺术都是"合成的艺术"[①],反对将图像与文本相区别从而当作两种纯粹的媒介。图像与文本必然具有混合性,正如期刊封面图像、电视电影等各种新兴艺术存在形式,在现实生活中图文关系往往是共同存在、相互合作的,彼此之间难以割裂。

文本中的文字本身,同时也具备可视化特征,无论是艺术体、书法体还是美术体,文本信息显然不能完全脱离图像语言而孤立存在,图像对于叙事表意功能也摆脱不了语言性的要求。

1.3.4 米歇尔图像学视阈中的科学图像

米歇尔放弃了潘诺夫斯基传统图像学所创的 Iconology 这一专业概念,重新选择 Picture 这一概念,表明他从大众传媒学角度出发,探索图像本身,重新构建符合时代语境的图画理论以及图像学,帮助图像脱离文本语言得以独立存

---

① W. J. T. 米歇尔. 图像理论[M]. 陈永国,胡文征,译. 北京:北京大学出版社,2006:82.

在,从而提升至与语言平等的地位。

传统的图文关系中,文本地位要远高于图像,且图像为文本存在而服务,而米歇尔图像学显然想打破这一不平衡的现象。米歇尔通过研究艾德蒙·伯克(Edmund Burke)、莱辛(Gotthold Ephraim Lessing)、E. H. 贡布里希(E. H. Gombrich)以及尼尔森·古德曼(Nelson Goodman)关于图文关系、诗画关系之间的"差异比喻",并且在此基础上提出图像与文本之间的关系是混合共存的关系,不再将图像与文本之间看作有根本性差异的两个概念,而是共同构成"异质图画"。

在过去对于图像与文本语言的研究之中往往采取比较研究法,通过不同层次、不同方面的比较,从而得以区分两种视觉语言根本性的不同。

米歇尔图像与视觉文化的理论,吸引了不同学科的学者从多个角度做出不同的阐释。英国艺术学家贡布里希认为,世界不能用单纯的"看"去观察、理解,因为"看"只是图式的投射,无法基于此真正理解世界。英国美学家伊格尔顿也早已指出,现代文化符号正趋于图像霸权,视觉技术的运用广泛地影响着现代政治、科技等的形态。美国社会学家丹尼尔则主张,当代文化的发展更以视觉的满足为准,科技的进步生成了这种新兴文化传播方式。德国哲学家阿多诺对大众工业进行了批判,电影等现代具象技术也在其中,他认为电影电视对文化的复制传播,利用了人类的视觉进一步塑造并限制了现代大众文化形态。另一名德国哲学家海德格尔则曾在其著作中描述:"……根本上世界成为图像,这样一回事情标志着现代之本质。"这一陈述蕴含着海德格尔对于视觉艺术的两个方面的认识:其一,"视觉图像时代"是对世界用图像的方式进行把握;其二是世界成为图像正是现代社会的本质。需要澄清的是,海德格尔意义上的"图像"并不是复现世界的摹本,而是存在者在被表象过程中,被发现和寻找到的呈现出来的样态,强调人类主体及其对象化活动对于从新的角度理解、把握世界的重要性。不同于康德从主观世界入手统一杂多的惊艳世界,海德格尔基于科技的发展,将视角放在客观世界,在这种新的认识关系下,主体认识客观世界具备可行性,人与世界的关系进入新的阶段,世界进入"图像时代"。

科学史上首次应用科学图像,可以追溯至鲁德维克(Martin J. S. Rudwick)

关于地质学使用截面图表达地质学原理。彼时的科学图像并不具备较高的科学美学水准。有趣的是，印刷技术的更新迭代同样使得科学图像同时受到科学家与美学家的关注，而科学图像也发展至各门类科学领域之中。在此基础之上，布莱恩·福特①(Brian J. Ford)以及哈利·罗宾汉②(Harry Robin)甚至为科学图像发展整理历史脉络发表专著，可见科学图像的地位攀升迅速。

伴随新媒体技术的发展，科学界开始将图像加入科研内容的新趋势，使得科学图像作为呈现科学美学在视觉与文本层面的追求。"科学图像学图像及其潜力在所有的科学领域里都得到发展：从宇宙学到医学，从数学到气象学，从地球动力学到宇宙物理学，从信息学到生物学，从动力学到原子学等。"③自20世纪末以来，对于科学图像的专项研究成果便层出不穷，在美国各种期刊中不断发表着以科学图像为主题的论文。2006年，美国哲学会甚至在太平洋地区举办了"科学图像"主题会议(Scientific Images: An APA Pacific Division Mini-Conference)。同年，"视觉表象"被收录至《哲学科学百科全书》(The Philosophy of Science: An Encyclopedia)成为受到世人认可的正式词条。自此之后，科学图像作为会议议题被多次提上各项国际科学会议，名正言顺地成为科学研究的一部分。

科学期刊封面图像作为科学图像的最高级形态，承载着科学与美学融合的最高水准，具有极高的学术研究价值。在科学期刊封面刊登的科学图像，往往是领域内最前沿的科学调研成果展示，象征行业的最新动态。

在除去对受众的吸引力作用外，科学期刊封面图像同样是对科学研究进行包装与宣传的最佳选择。在科学期刊封面图像之上兼有对于论文内容的简短介绍，因而被称为"封面故事"，是对于米歇尔图像学中图文关系新型定义的最佳诠释，同时是融合了科学、美学的图像。

---

① Brian J. Ford. Images of Science: A History of Scientific Illustration[M]. London: British Library, 1992.
② Harry Robin. The Scientific Image: from Cave to Computer [M]. New York: Harry N. Abrams, 1992.
③ 乔丽. 图像分析[M]. 天津：天津人民出版社，2012.

1.3.5 总结

近年来,由于科学技术与人文意识的飞速发展,美学与科学的交融成为必然趋势,科学美学成为一门交叉学科进入人们眼帘之中。作为科学与美学、技术与艺术融合的结晶,科学美学在不同层面影响着人们科学审美的思维方式,在真与美之间架起沟通的桥梁,最终反作用于科学理论的推动与产业的发展。

得益于科学美学与图像学的不断发展,科学图像产业犹如雨后春笋般迅速发展。尽管当前国内相较于国外对于科学图像的重视仍显不足,但是对科学图像以及科学期刊封面图像的研究工作已经展开。国内具有大批量优秀的科学研究从业人员,对于科学成果可视化的研究也伴随着科技与人文认知水平的提高而不断提升。与此同时,人们对于科学图像的关注度最终也与日俱增。

科学图像的风靡源自其具备强大艺术张力与视觉冲击力,同时又能够阐释科学原理与研究进程,加之米歇尔图像学对于图像地位的极力宣扬作用,一目了然的科学图像在20世纪末一经推出,便受到科学界的广泛推崇,迅速被纳入科学研究的一部分。

在米歇尔图像学视野之下,科学期刊封面图像具备极高的研究价值。一方面,作为科学图像的最高级形态——顶级科学期刊的"封面故事"不仅意味着最前沿的科学研究成果,同时也代表世界范围内最高水准科学美学的可视化成果。科学期刊封面图像本身又是图像语言与文本语言完美契合的范式,是米歇尔图像学得到认可的最佳范例。另一方面,国内目前针对国际科学期刊封面所发表的论文与专著仍然处于初级阶段,而从图像学角度分析国际科学期刊封面图像的专著仍然没有,因而从这一角度出发分析将会是国际期刊封面图像学的开创之举,同时能够为国内的科学期刊发展方向提供不同角度的见解与思维方式。

第二章
批判图像学视阈下的科学期刊封面图像

2.1 米歇尔图像学视阈下的科学图像

进行新媒体时代以来,图像语言的崛起以及对科学美学的热议,从批判图像学视阈出发,其实质上是米歇尔"图像转向"理论不断发展的结果。1992年,W. J. T. 米歇尔(William John Thomas Mitchell)在《艺术论坛》(Art Forum)上,第一次公开提出新术语"图像转向"(Pictorial Turn)。在此之前,哲学学科通过理查德·罗迪(Richard Rorty)"语言学转向"(Linguistic Turn),使其内部诸多学科获得以语言学模式为参考系而建立起来的全新思考方式,甚至在艺术批评领域也产生了以语言转向为导向的新型工作模式。

正值"语言转向"影响力不断扩大之际,米歇尔以"图像转向"这一全新概念将反思热潮引领至图像学领域,灵感来源于哲学内发生的"语言学转向"。在米歇尔看来,"图画构成了跨越广泛的知识探讨领域的一些特别的冲突与不适"[①],21世纪,进入"图像时代"以来,学界对于科学技术与形象泛滥问题进行反思,而米歇尔并不抵制图像的不断发展,相反,他认为这正是"图像转向"开始形成的信号。

米歇尔提出图像转向理论,对传统图像学进行了重新界定。在此之前,现代意义上的图像学(Iconology)源于潘诺夫斯基(Erwin Panofsky)的视觉理论相关研究,他通过《视觉的艺术含义》(Meaning in the Visual Arts)以及《图像学研究》(Studies in Iconology)为传统图像学理论基调打下坚实基础,他将艺

---

① W. J. T. 米歇尔. 图像理论[M]. 陈永国,胡文征,译. 北京:北京大学出版社,2006:4.

品作为美学含义的承载对象,把艺术看作文化或者原则进行解读,"图像学区别于分辨'惯例主题'的图像志之处在于,图像学研究艺术品的内在含义或内容"[①]。米歇尔在潘诺夫斯基传统图像学的三个层次基础上又提出第四阶段——"图像学的阐释",这一主题凌驾于艺术家与其创作之上来探讨创作的方式与存在意义问题。他将自己的理论称为"批判图像学",正是为了区别于潘诺夫斯基的传统图像学,更加关注抽象的、非艺术的"形象"概念的理论问题,而非看待具体艺术作品,将图像学从艺术史学方法论中分离出来,自成一体。有别于维特根斯坦"图像俘虏了我们"的看法,米歇尔将"图像时代"中图像的空前繁荣现象看作历史转折的标志。他使用"转向"这一概念,力求与传统的图像学认知模式决裂,重新构建的图像学超越了单纯的艺术史学方法论的范畴,上升至图像存在意义的证明,强调"形象"概念的独立意义。

1986年,米歇尔在《图像学》一书中综合讨论了潘诺夫斯基的原符号学[②]、福柯的知识考古学、马克思主义社会意识形态等多种相关的跨学科理论,阐释了关于形象理论的各种分析,提供给艺术学工作者全新的视角审视视觉文化的热潮。

2.2 科学期刊封面图像学研究现状

2.2.1 国内外研究现状

国外没有专门研究国际科学期刊封面图像学的著述和论文,但随着科技的进步,衍生出"具有技术的艺术"新型艺术形态。如磁流体、空间声响等新形式艺术形态出现在林茨电子艺术中心、东京日本电信公司互动传播中心等科技艺术展示中心,将科学知识应用到视觉成品中,形成科学可视化。

我国对国际科学期刊封面的图像学研究很薄弱,尚没有见到专门的著作,

---

① 潘诺夫斯基.视觉艺术的含义[M].傅志强,译.沈阳:辽宁人民美术出版社,1987:17.
② 迈克尔·安·霍莉.潘诺夫斯基与美术史基础[M].易英,译.湖南:湖南美术出版社,1992:154-165.

只有少量针对门类科学研究科学期刊封面设计的论文,如王国燕的《生物类顶级学术期刊的封面图片特征分析》[①]、霍宏的《对科技期刊封面设计的基本规则和发展趋势的探讨——以〈核技术〉封面重新设计为例》[②]等。

基于米歇尔批判图像学的研究方法,是针对世界顶级科学期刊封面的图像特征提出的设计原则。然而,科学期刊封面的批判图像学研究是一个崭新的研究领域,目前学术界尚处于起步阶段。

2.2.2 国内外研究趋势

国内外研究趋势:按照具体科学学科分类研究期刊封面的图片特征;以某类科技杂志作为个案研究其期刊封面设计的规则;将艺术融入科学发展中,在科学实践与成果传播过程中实现科学可视化。

国际科学期刊的封面图像学设计,应承担技术的可视化传播功能,同时,也可成为中国科学期刊提高封面装帧设计水平和科技传播能力的学习典范。笔者从今年的国际科学期刊 *Science*,*Nature*,*Cell* 等期刊封面中,选取具有代表性的图片,在批判图像学视阈中,遵循图片设计的外部特征——图片的内部象征意义的路径,进行艺术特征和设计原则的探究,以期为我国的科学期刊封面设计提供建议。

2.3 科学期刊封面图像创作机构调研

对 2018 年国际权威期刊 *Nature* 发表的封面图像的创作者单位、发表机构等方面做图形分析,为后期研究积累数据基础。*Nature* 作为权威的国际科学期刊,以周刊形式发表,每月一卷,每卷四到五期,每年的年底最后一期为总结性期刊。

从 2018 年 50 篇封面图像(表 2.1)供应源出发,手机创作者所属单位机构

---

① 王国燕,姚雨婷.生物类顶级学术期刊的封面图片特征分析[J].科技传播,2014(2):252-254.
② 霍宏.对科技期刊封面设计的基本规则和发展趋势的探讨——以《核技术》封面重新设计为例[J].中国科学期刊研究,2013(4):818-821.

表 2.1 科学期刊封面图像创作机构调研表

封面图片	刊号	封面故事	供图/设计者	所属单位	选图性质
	2018年1月4日，第553卷，第7686期	图片反映的是 Mikhail Shapiro 和他的团队在观察人体内微生物群落领域的突破，通过利用超声波这种非侵入方式给身体内细菌成像	Barth van Rossum	Caltech	作者相关
	2018年1月11日，第553卷，第7687期	封面显示的是在波多黎各阿雷西博天文台的威廉·E.戈登望远镜用艺术形象，Jason Hessels 团队通过该望远镜试图澄清唯一已知的重复快速无线电爆信号源的物理性质	Danielle Futselaar, Brian P. Irwin, Dennis van de Water	设计者：Danielle Futselaar，Brian P. Irwin，Dennis van de Water；属于 Shutterstock.com	艺术家

Barth van Rossum 在莱顿（荷兰）学习物理并获得生命科学博士学位。目前是柏林一所研究所的科研人员，专注于分子药理学，运用核磁共振技术研究蛋白的结构生物学。Rossum 喜欢用图解的方式解释困难的科学话题，致力于科学和艺术家的协作与科学可视化工作。对于他而言，科学可视化是一个将科学与艺术连接起来的很好的机会。一方面作为分子生物学家与科学家去进行研究，另一方面可同时可视化正在研究的科学

Danielle Futselaar 是一个职业数字艺术家、插画艺术家、网页设计者与概念设计者，Brian P. Irwin 是研究宗数旧约经文的学者，Dennis van de Water 是一名荷兰阿姆斯特丹的自由摄影师。Shutterstock.com 是全球最大的摄影供图网站之一，是美国摄影、音乐和编辑工具提供商，总部设在纽约市，由程序员兼摄影师 Jon Oringer 于 2003 年创立。该封面采用学者 Brian P. Irwin，摄影师 Dennis van de Water 与收集 Shutterstock 网站上的相关素材，再经由职业艺术家 Danielle Futselaar 加工合成的

(续表)

封面图片	刊号	封面故事	供图/设计者	所属单位	选图性质
nature (POLPOSITIONS)	2018年1月18日，第553卷，第7688期	封面显示的是 RNA 聚合酶Ⅲ打开 DNA 启动子的分子机制。封面中粉色代表完整的17-亚基 Pol Ⅲ 和 TFIIIB 亚基 TBP，黄色代表 Brf1，橙色代表 Bdp1，而亮青色是各带多种功能状态与启动子 DNA 结合的稳定裂缝两侧的未缠绕的 DNA 链环	Alessandro Vannini, Jeroen Claus	ICR, Phospho Biomedical Animation	作者

Alessandro Vannini 博士是本文的作者，同时也是封面图片提供者之一。他于2012年加入ICR，担任结构生物学部门团队负责人。他和他的团队正在关注大型大分子复合物的结构和功能表征，这些复合物在真核基因组中表达基因组装。Jeroen Claus 是 Phospho Biomedical Animation 的发起人与赞助。热衷于制作令人惊叹结构与功能关系。Phospho Biomedical Animation 致力于将复杂科学成果变得简单易懂，目前已有案例包括分子药物如何绑定分子结构和蛋白质学数据以显示细胞行为，整合生化细胞学数据以显示细胞行为，整合生化细胞学数据以显示细胞行为等方法等

封面图片	刊号	封面故事	供图/设计者	所属单位	选图性质
nature (CELL BREAKOUT)	2018年1月25日，第553卷，第7689期	封面是癌细胞的艺术想象图，由于染色体具有不稳定性致使 DNA 形成微核，Samuel Bakhoum 与同事研究发现可以通过微核破裂外露流出的溶胶（绿色）与癌症之间建立联系从而开辟解决癌症问题的新路径	吴文蓬	MSKCC 设计与创意服务部	艺术家

纪念斯隆-凯特琳癌症中心（MSKCC）是世界上最悠久、规模最大的私立癌症中心，1945年由慈善家阿尔弗雷德·斯隆和工程师查尔斯·凯特林在纽约市成立研究中心，旨在帮助研究癌症。该中心成立设计与创意服务部门旨在帮助研究利用免疫系统治疗癌症。该中心成立设计与创意服务部门旨在帮助研究利用最新的研究技术来征服癌症，使其更有利于向外界传达

(续表)

封面图片	刊号	封面故事	供图/设计者	所属单位	选图性质
	2018年2月1日,第554卷,第7690期	封面上是一只蝾螈,该生物的发育过程是重要的生物模式。科学家对其基因组进行重新测试,发现基因组中不含有发育相关基因Pax3的功能可能由Pax7代行使。该基因组为发育进化研究提供了优质资源	Avalon, Photoshoot, Alamy图片社	Avalon, photoshoot, Alamy图片社	艺术机构
Avalon摄影的创立者与主要摄影师为Jolene Bertrand,致力于创造出"捕捉精神"的引人注目的非凡形象,她以耐心和专业知识而闻名,摄影室主要工作对象为家庭、儿童、高中毕业生、公司专业肖像、宠物以及动物。Photoshoot是一家向出版、设计、广告等企业市场提供版权管理和免版税图像的领先供应商,包括新闻行业、自然科学、旅行探险栏目以及文化等特别机构都是其用户。Photoshoot的前身可以追溯到早期Photography,代表全球超过5500名贡献者捕捉旅行、自然和野生动物的一切,为新闻、娱乐、音乐、体育提供具有创意的图像。Alamy图片社是一家于1999年成立的英国私人摄影机构,其总部位于英国牛津郡Abingdon附近的Milton Park,是目前全球最大照片图库					
	2018年2月8日,第554卷,第8691期	封面展示的是正在进行的太阳火山爆发模型。Tahar Amari课题组经研究发现有的火山爆发是可以进行控制的,图中橙色表示一个强大的多层磁笼,其中形成扭曲的蓝色通道绳。火山爆发前几个小时,绳索的所有层,包括磁膏增加,尽管不足以打破笼子的磁能导致突破坏。科学家可以通过研究绳索与年笼之间的关系影响太阳未来火山爆发	Tahar Amari	Tahar Amari, Center de Physique Théorique, CNRS-Ecole Polytechnique	作者
Tahar Amari供图者即研究发现者,他是CNRS, Centre Physique Théorique的资深科学家(Directeur de recherche),研究方向为太阳磁流体动力学和天体物理学、喷发现象、冠加热和冠对流和冠相互作用、鼎磁场的数值方案、日冕磁场以及日冕重建					

第二章　批判图像学视阈下的科学期刊封面图像

(续表)

封面图片	刊号	封面故事	供图/设计者	所属单位	选图性质
	2018年2月15日,第554卷,第7692期	封面显示的是西南极冰盖海中的阿蒙森海,Tyler R. Jones 和同事发现南半球气候变化受北半球大片冰盖地形的影响。冰川最大值期间北半球大片冰盖的存在和温室气体浓度的降低从根本上改变了全球海洋大气候动态	Bradley R. Markle	加州理工学院	作者

Bradley R. Markle 是该文章的共同作者之一,他本身是加州理工学院地质与行星科学系博士后学者,研究领域在环境科学与工程,包括古气候与气候、冰核、气候动态、南极洲地质环境等。

|  | 2018年2月22日,第554卷,第7693期 | 本期特刊探讨人类生活方面最容易被人误解的一个方面,青春期。封面图像用 coming of age 连接左边的少年图像与右边的成年形象,概括了本期中三篇文章的研究主题。第一篇探讨青春期的边界问题,第二篇探讨青少年收入水平问题,第三篇探讨有关青春期的一些悖论 | Eric Nyquist | — | 艺术家 |

Eric Nyquist 是洛杉矶著名插画家、艺术家与教育家。他的插画出现在许多出版物中,包括《国家地理》《纽约客》《鹦鹉螺》和《奥杜邦》杂志中,以及《纽约时报》书评部分的一系列封面。美国宇航局也与其达成合作关系。他的插图丰富而华丽,错综复杂,并且他善于使用各种技术,但是他始终坚持"每个图像都以绘图为中心"。

(续表)

封面图片	刊号	封面故事	供图/设计者	所属单位	选图性质
	2018年3月8日,第555卷,第7695期	本期封面图片来自Juno's JIRAM 仪器,显示了行星北极的中央旋风和环绕它的八个旋风。不同深度的颜色代表辐射热的程度,黄色(较薄)云的亮度温度约为−13℃,深红色(最厚)约为−83℃	NASA, SWRI, JPL, ASI, INAF, IAPS	—	科学机构

NASA是指美国国家航空航天局;SWRI指美国西南研究院;JPL喷气推进实验室,行政上属于加州理工学院,是美国一个以无人飞行器探索太阳系的美国国家航空航天局的一个下属机构;INAF指意大利国家天体物理研究所;IAPS指意大利国家天文星际研究局

| | 2018年3月15日,第555卷,第7696期 | 封面图片是烟曲霉菌的伪色扫描电子显微镜图像,展示了烟曲霉菌的分生孢子束。Gordon Brown和同事通过研究哺乳动物如何能够探测真菌孢子细胞壁中的黑色素,从而鉴定出一个名为MelLec的新细胞受体,它可感知DHN−黑色素并触发免疫应答,这在保护宿主免受烟曲霉菌感染中具有十分重要的作用 | Kevin Mackenzie, Mark H. T. Stappers | — | 作者、作者相关人员 |

Kevin Mackenzie是耶鲁大学分子生物物理学和生物化学博士,麦吉尔大学理学学士,研究方向是结构生物学、化学生物学,目前就职于贝勒医学院。Mark H. T. Stappers是本篇论文的供稿者之一,就职于阿伯丁大学医学研究委员会医学真菌中心,阿伯丁医学科学研究所医学科学研究中心

第二章 批判图像学视阈下的科学期刊封面图像

（续表）

封面图片	刊号	封面故事	供图/设计者	所属单位	选图性质
	2018年3月22日，第555卷，第7697期	微波激光器由于其激活条件苛刻，因此常常被忽略使用，Jonathan Breeze和他的同事研究出一种室温固态激光器克服了微波激光器的启动缺陷，该激光器就是图中所示的钻石形态，其中包含一种氮空位中心的缺口。这种设备可被用于医学，量子设备，国家安全领域	Thomas Angus, Jonathan D. Breeze	Imperial College London, Stuart Penn	作者
供图者即作者，Jonathan D. Breeze是伦敦帝国理工学院研究员，研究领域包括微波激射器，无源微波器件，电磁仿真，材料物理以及等离子体等					
	2018年3月29日，第555卷，第7698期	图片中是墨西哥首穴鱼，被其选为居地的黑暗洞穴实际上是一个食物匮乏的极端环境。本期中科学家发现其引领了一种极端的生活方式，该生物的胰岛素受体发生了变异，这在人类身上会引发II型糖尿病，本文作者推测这些鱼在调节葡萄糖的过程中进化出了补偿机制，使它们能够在充满挑战的环境中生存	Paulo de Oliveira	Paulo Oliveira, Alamy图片社	艺术家，艺术机构
Paulo de Oliveira是葡萄牙籍个人摄影师，拍摄内容大部分聚焦于环境污染与水生物，这张图片是他上传到Alamy上的，因此版权属于他与Alamy图片社					

29

(续表)

封面图片	刊号	封面故事	供图/设计者	所属单位	选图性质
	2018年4月5日，第556卷，第7699期	图片描述的为室温9微米波长电探测器和GHz频率外差接收器的超微镜图像，该探测器由金属谐振器的超材料阵列构成。Daniele Palaferri和他的合作者展示了两种超探测，以如何高速结合，从而实现了一种超灵敏的相干检测，类似于无线电波的外差检测。这项发现可能用于开辟一系列包括热成像和环境遥感以及相关自由空间通信的应用。	Daniele Palaferri, Stephane Suffit	University Paris-Diderot	作者，作者相关

供图者即作者Daniele Palaferri是一名资深科学家，研究方向包括光子集成电路、激光、光电探测器、超材料以及光伏，目前供职于GEM elettronica。GEM elettronica是一家成立于1977年的公司，以设计、生产、支持、创新雷达和海上监视和航行安全的机载集成系统为使命，目前已经成为意大利领先的国防电子公司之一。Stephane Suffit是巴黎狄德罗大学与CNRS(法国国家科学研究中心)共同管辖的材料与量子现象实验室的一名年轻的工程师

|  | 2018年4月12日，第556卷，第7700期 | 封面显示了阿尔卑斯山东部阿尔卑斯山脉Piz Lagalb碎石上的阿尔卑斯石米莉。受人类生产活动的影响，许多低温山区正迅速变暖，Manuel Steinbauer团队研究了近145年来欧洲的302座山峰上的植被多样性变化，发现过去10年米植被多样性的增加速度是50年前的5倍，他们的研究揭示了物种多样性与气候变暖之间存在正相关性。这表明即使在偏远山区，植被多样性仍然受全球气候变暖影响 | Cajsa Nilsson | SLF, Switzerland | 作者，作者相关人员 |

研究组外人员提供，Cajsa Nilsson是SLF的一名工作人员，SLF是雪崩研究所的简称。这篇文章由Friedrich-Alexander-Universität Erlangen-Nürnberg (FAU)与Snow and Avalanche Research (SLF)的科学家共同协作完成

第二章　批判图像学视阈下的科学期刊封面图像

(续表)

封面图片	刊号	封面故事	供图/设计者	所属单位	选图性质
	2018年4月19日，第556卷，第7701期	封面描述的是纳米研究从有机化学中的镜像分子拓展到三维金属纳米结构，他们所显示的光学活性与圆偏振可见光相互作用。这种材料中电子的振荡方式。科学家发现一种新的基于溶液的方法用于合成高度均匀的手性金纳米粒子并控制它们各自的手性	Yoobin Chun	RealMicro Studio	作者相关人员

Yoobin Chun 是一名来自韩国的计算机艺术专家(本文作者是韩国首尔国立大学材料科学与工程系的副教授)，就职于 RealMicro Studio，这家工作室专门为自然科学类期刊封面提供设计服务，客户包括仁荷大学、首尔国立大学、韩国科学技术中心(KIST)、马克斯普朗克研究所

| | 2018年4月26日，第556卷，第7702期 | 封面展示的是具有四种不同碳原子(四元立体中心)，它是生物活性有机小分子的关键结构基序。但是将其真正确的合成是一个挑战，Eric Jacobsen 及其同事打破一般使用 SN1 通过阳离子中间体取代碳原子的不可控制性，通过使用氢键催化剂使控制其反应成为可能 | Ella Maru Studio | — | 艺术机构 |

Ella Maru Studio 是一支来自美国顶尖大学的博士和专业平面设计师组成的科学家团队，致力于将博士级科学知识与专业艺术设计相结合，为文章插图、书籍、科学期刊制作优秀的图像

31

（续表）

封面图片	刊号	封面故事	供图/设计者	所属单位	选图性质
	2018年5月3日，第557卷，第7703期	封面展示的是肝移植常温保存的随机试验，David Nasralla、Constantin Coussios、Peter Friend 及其同事为肝移植中的保存技术提供了新发现。常温保存比冷藏保存更有助于维持肝脏的生理状态。相比较而言，常温保存器官废弃率较低且平均保存时间延长，在并发症、患者接收成活率等方面并不存在显著差异	AXS Studio	—	艺术机构

AXS Studio 创立于 2004 年，总部在加拿大多伦多。工作内容包括医学动画、科学动画、医学插图、医疗机械动画、医学互动媒体等。为需要将复杂的科学产品信息做简单明了的阐释、将复杂的生命科学和科技术信息转化为人们理解的，清晰的、引人入胜的医学动画和视觉效果而服务

封面图片	刊号	封面故事	供图/设计者	所属单位	选图性质
	2018年5月10日，第557卷，第7704期	封面图展示了本期主题——伊迪丝斑蝶蝴蝶。早在 1993 年 Nature 就发表了一篇关于这种蝴蝶对非内华达卡森市植物车前草的喜爱，本周同题中 Michael Singer 与 Camille Parmesan 研究生物对于外来植物的依赖度到底有多强。因为 2005 年收场停止运营，车前草消失，而蝴蝶种群也灭绝了。2013 年 4 月，自然的再殖民使蝴蝶回到起源地，它们的饮食也回到了起点。这些发现说明了人类活动可能任不知不觉中为自然种群造成致命的生态进化陷阱，以及在保护人类改造后的栖息地时应考虑这些陷阱的重要性	Michael Durham	Minden pictures	艺术家

Michael Durham 是一名职业摄影师，1964 年出生于俄亥俄州，他的作品被 Nature 及其子刊频繁采用。他的作品与其他近百名摄影师的一同投资组合成 MINDEN pictures 网站。该网站收录了动物、生态行为、自然环境、植敏等自然环境相关的图片

第二章 批判图像学视阈下的科学期刊封面图像

(续表)

封面图片	刊号	封面故事	供图/设计者	所属单位	选图性质
	2018年5月17日，第557卷，第7705期	封面上的标题很明确地展示了本期特刊的主题——如何构建一个健康的工作环境。健康的科研环境是取得重大科学发现的基础，但是科学家们很少讨论这个方面。在本期特刊中，Nature 探讨了工作环境对研究质量与效率的影响。我们对三千多名科研人员进行调查研究，获得改善科研环境轨的一手资料，解决其可能使实验室脱轨的问题，并有助于使其成为最佳工作场所	Marco Goran Romano	—	艺术家

Marco Goran Romano 是一名意大利籍的插画家，2010年从ISIA艺术工业高等研究所工业设计专业毕业，目前与其妻子和商业伙伴共同创立了属于自己的工作室 GoranFactory。

|  | 2018年5月24日，第557卷，第7706期 | 封面图像显示的是科学家提出的"车辆共享"优化模型：它显示了纽约市一分钟的出租车情况（点线代表目的地，而线是轨迹）。图像的右侧（黄线）代表当前的情况，图像的左侧（蓝线）显示了可以使用团队模型获得的减少车辆，通过由出发地、目的地和起动时间指定车辆，提出一个最佳计算效率解决方案 | Snoweria Zhang, Irene de la Torre, Fábio Duarte | MIT Senseable City Lab | 作者相关 |

Snoweria Zhang 是一名艺术家、设计师、数学家，毕业于哈佛大学，获得数学学士与美术学士、美术硕士与数学硕士，最近取得哈佛大学设计研究生院建筑硕士，目前投身于麻省理工的 Senseable City 实验室。
Irene de la Torre 是 BBC 新闻的信息设计师与记者。
Fábio Duarte 是城市规划师，哈佛大学设计研究生院研究助理，麻省理工学院研究与规划系 Senseable City 实验室访问学者，建筑与设计系博士

33

(续表)

封面图片	刊号	封面故事	供图/设计者	所属单位	选图性质
	2018年5月31日，第557卷，第7707期	封面呈现了艺术家对阿尔卑斯山脉中三叠纪蜥蜴的还原成像。Tiago Simões（哈佛大学）与其同事采用高分辨率微焦点X射线计算机断层扫描技术对蜥蜴化石进行扫描，揭示了包括蛇和蜥蜴在内的爬行动物群的鳞片起源	Davide Bonadonna	—	艺术家

Davide Bonadonna是意大利科学和医学插画家。他的主要贡献在于对已灭绝动物的古生物学的重建，他的作品在多本书籍、博物馆和杂志上发表或展出

封面图片	刊号	封面故事	供图/设计者	所属单位	选图性质
	2018年6月7日，第558卷，第7708期	鳐与鲨鱼有电感觉器官，用来检测信息并转递给中枢神经，David Julius和他的同事分析了这些器官内的感觉细胞，发现尽管鳐和鲨鱼都使用类似的低阈值电压门控钙通道来启动细胞过程，但它们都使用不同的钾通道来调节这种活动。链猫鲨体内的钾离子电压达尖峰，而小鳐体内的钾离子通道（封面认为）则产生更小、可调谐的振荡。研究人员认为，鲨鱼主要利用它们的电感觉能力来捕食，而鳐利用它们来相互交流	Duncan Leitch	—	作者

Duncan Leitch是加利福尼亚大学旧金山分校的神经生物学家

（续表）

封面图片	刊号	封面故事	供图/设计者	所属单位	选图性质
	2018年6月14日，第558卷，第7709期	封面图片为赵选贺与其团队研究发现的软材料。尽管软材料适用范围广泛，但是其形状变化可能在几分种后才能完成，赵选贺和其同事提供了一种新技术，使其通过磁致动可实现复杂3D形象不受束缚地快速转换。通过在打印早期向分配喷施加压力控制颗粒的对齐，重新定向颗粒，从而创建一系列可以执行一系列移动的材料，例如滚动、跳跃和抓取对象	Felice Frankel	—	艺术家作者相关

Felice Frankel是科学图像摄影师，她的摄影既有科学摄影的审美质量，又有能力有效地传达图像中复杂的科学信息，她曾供职于麻省理工大学与哈佛大学

|  | 2018年6月21日，第558卷，第7710期 | 封面显示的是热带珊瑚礁，其生长对于保护海岸线免受暴露以及预防洪水至重要。科学家研究发现随着珊瑚礁生存状态的下降以及全球变暖而产生海平面的上升，珊瑚礁生长以抵功能遭到破坏。珊瑚带来的不利影响。但科学家通过对热带西大西洋和印度洋的成长速度做分析发现，尽管珊瑚礁目前的生长状态趋不稳定，但是其生态变化代表着功能的下降，Chris Perry以及同事认为以低珊瑚海岸线和小岛屿国家可能会失去其沿海保护的关键因素 | Tom Bridge | tethys-images | 艺术机构 |

Tom Bridge来自澳大利亚悉尼，于2012年获得大堡礁"暮光之城"珊瑚研究的博士学位，目前是詹姆斯库克大学的博士后研究员。他的研究主要集中在"中生珊瑚生态系统"，在深水中生长的珊瑚礁仍然需要足够珊瑚生长的光线。中美洲珊瑚礁的相关研究很少，因为它们发生在传统SCUBA潜水可达到的深度以下，但有许多丰富的生态群落，包括目前科学界不了解到的许多物种。Tethys-images是Tom Bridge与两位在海洋环境中工作的早期科学家共同创建的网络画廊，他们对于自然、摄影以及啤酒有着共同的兴趣与热情，经过多年独立工作形成大量的摄影档案并认识科学组织对图像需求不断增加，因此集中资源创建特提斯图像（Tethys-images）

国际科学期刊封面图像学

(续表)

封面图片	刊号	封面故事	供图/设计者	所属单位	选图性质
	2018年6月28日,第558卷,第7711期	封面展示的是新加坡攀天树丛,这是本周特刊中亚洲五大重点研究中心之一。来自新加坡、中国香港、中国台湾、马来西亚、韩国五个中心的科学家正在共同进行研究,他们对不断变化的研究领域引进技术,从基因组编辑到绿色能源开发等动态工作的广度进行深入了解,还揭示了对科学的关注如何帮助解决公众关注的问题,如医疗保健和空气污染。这五个中心可能不是亚洲大陆上最重要的研究中心,但它们正迅速成为全球科学领域的一支重要力量	Alamy	—	艺术机构

Alamy图片社是一家于1999年成立的英国私人摄影机构,其总部位于英国牛津郡Abingdon附近的Milton Park,目前是全球最大照片图库之一

| | 2018年7月5日,第559卷,第7712期 | 神经递质GABA(γ-氨基丁酸)及其突触靶[A型GABA受体(GABA A受体)]的功能障碍会导致神经障碍和精神疾病,包括癫痫、焦虑和失眠。GABA A受体同时也是包括巴比妥类、麻醉剂、酒精和苯二氮䓬定(安定)和阿普唑仑(阿普唑仑)药物麻痹的目标。α1β2γ2GABA A受体与GABA A和苯二氮卓抑制剂氟马西尼结合状态的高分辨率的冷冻电镜结构,揭示了这类抑制性神经速递质受体独特的异聚体相互作用。该研究为理解GABA和苯二氮卓药物对受体的调节为提供了模板,并将为以此类受体作为治疗靶点的神经和精神疾病提供帮助 | Shaotong Zhu | Hibbs Lab | 作者 |

Shaotong Zhu目前就职于德克萨斯大学西南医学中心UT西南部神经科学系,研究方向为生物化学、生物物理学、结构生物学以及cryo-EM

第二章 批判图像学视阈下的科学期刊封面图像

(续表)

封面图片	刊号	封面故事	供图/设计者	所属单位	选图性质
	2018年7月12日,第559卷第7713期	封面上是一只红脚鲣鱼海鸟,栖居范围为印度洋查戈斯群岛。科学家 Nicholas A. J. Graham 及其同事发现这些海鸟的粪便不仅会循环回到岛上的动植物群中,而且还会进入邻近的珊瑚礁生态系统,从而为珊瑚鱼的生产和功能发挥提供动力	Jon Slayer	—	作者相关艺术家
Jon Slayer 是前皇家海军陆战队突击队军官,英国登记特技演员,多次参与世界各地的个人、商业和军事探险行动。退伍后成为电影制作人,环保主义者和冒险家。他具有丰富的水下和陆地面拍摄经验,终身从事海洋和陆野生动物和野外研究相关职业					
	2018年7月19日,第559卷第7714期	无论是遵循化学梯度的细菌,还是人类识别复杂气味的能力,都是生物体的一个关键属性。基于DNA的神经网络可以在分子计算中执行相同的任务,但到目前为止仅限于一组不超过4个模式,每个模式4位。在本期中,钱露(Lulu Qian)和凯文·切里(Kevin Cherry)将这些数字分别提高到9和100,展示了一种能够正确预测的设置	Olivier Wyart	—	艺术家
Olivier Wyart 是动画、摄影以及电影电影制作片人、艺术家					

（续表）

封面图片	刊号	封面故事	供图/设计者	所属单位	选图性质
	2018年7月26日，第559卷，第7715期	封面为柬埔寨遥邦疟疾研究小组的医疗人员正在检查一名年轻男性的健康状况。对抗疟疾的有效方法是使用联合治疗法（以青蒿素为基础），但是东南亚包括柬埔寨在内的国家对这种药物的耐受性呈上升趋势，尽管东南亚对患者只占全球的百分之七，但不断有具耐药性的疟原虫虫株产生，并向全球扩散。目前柬埔寨、老挝、泰国、缅甸等国家大面积存在对耐药的疟原虫虫株研究如何在疟疾大面积传播前将其彻底解决，同时也在研究如何精准检测病菌与延缓耐药性	Adam Dean	Nature	艺术家
Adam Dean是一名自由摄影师，目前常驻曼谷，是《纽约时报》《时代周刊》《国家地理》的定期撰稿人，曾在《纽约客》《新闻周刊》《滚石》《星期日泰晤士报》等杂志社工作过。2018年，他凭借Tomas Munita在Rohingya危机方面的工作获得了George Polk摄影奖，并在2018年和2017年获得了年度国际最佳摄影师奖（POYD）。2011年，他被选为PDN 30位新兴摄影师之一，并获得了索尼新兴摄影师奖					
	2018年8月2日，第560卷，第7716期	地球表面材料回收到深层地幔的程度很难评估。在本刊的问题中，Evan Smith及其同事通过检查蓝色的钻石（IIb型）钻石来询这一问题。这些稀有宝石的颜色来自硼，硼是一种主要存在于地壳中的元素，这表明硼以某种方式进入了钻石形成表面下方的高压环境。该团队对含硼钻石中捕获的矿物包裹体的分析表明，它们在海洋岩石圈（海洋构造板块）中结晶，以下至少岩石圈已被俯冲到下地幔（地球表面以下至少660千米，比典型的200千米极限深得多）对于大多数钻石而言，这意味着蓝色钻石是已知的最为"深"的钻石之一。研究人员提出，硼在海水改变的海洋岩石地幔中被携带下来，说明了地幔元素深层地幔再循环的可行途径	Jianxin Liao	GIA	作者相关
GIA成立于1931年，是世界上最重要的钻石、彩色宝石和珍珠公益鉴定机构，是宝石和珠宝领域知识、标准和教育的主要来源，Jianxin Liao供职于GIA教育					

第二章　批判图像学视阈下的科学期刊封面图像

(续表)

封面图片	刊号	封面故事	供图/设计者	所属单位	选图性质
	2018年8月9日,第560卷,第7717期	人体中淋巴的主要任务在于清除体内细胞碎片与有毒分子,美国弗吉尼亚大学的Jonathan Kipnis与同事利用大脑中的大分子废物,膜引流出脑脊液的小鼠作为模型,证实当脑膜巴受到破坏,其清除功能便会受损,患有阿尔茨海默症的小鼠作为模型,证实当脑因此得出,干预脑膜损伤可能是对抗年龄相关性认知功能障碍的有效治疗途径	Ella Marushchenko, Elina Karimullina	Ella Maru Studio	艺术家
	2018年8月16日,第560卷,第7718期	图中滚动的玻璃球代表细胞系,乍一看表面似乎相似,事实上滚动得更远的玻璃球域其内部图案是存在不同的变化的。Todd Golub团队发现癌细胞系的菌株远远不止"克隆",而是伴随着基因组和基因表达谱的改变而动增值能力与药物反应的差异,所有这些都与遗传进化息息相关。他们的研究结果对使用此类细胞系的癌症研究具有意义	Iris Fung, Andrew Tubelli, Bang Wong, Uri Ben-David	Broad Institute	作者,艺术机构

Ella Marushchenko是Ella Maru Studio的创始人,是一支来自美国顶尖大学的博士和专业平面设计师和专业平面设计师组成的科学家团队,致力于将博士级科学知识与专业艺术设计相结合,为文章插图、书籍、科学期刊制作优秀的图像。
Elina Karimullina是卡尔利加大学微生物学、免疫学和传染病学的博士

Iris Fung,麻省理工学院插画师的职业生涯,艺术家,专注于科学和医学内容可视化,拥有波士顿大学理学士(生物医学工程学士)和多伦多大学理学硕士(生物医学通信硕士学位)。研究方向曾主要集中在听觉系统的结构方面,主要是关于鲸鱼和海豚中耳的力学。从那时起,他发展了自己的艺术技巧,帮助他人形象化科学概念,以便学习必要的工具。动画、数据可视化、期刊封面、教科书插图等都需要通过研究过程获得科学、准确的结果。
Andrew Tubelli是波士顿大学通信硕士学位,科学插画家、动画师、科学家、艺术家,致力于追求科学插画师的职业生涯,艺术家,兼修管理与艺术,曾在多个地方担任插画师与设计师,包括Broad Institute,她与创意总监Bang Wong共事。
Uri Ben-David是本文作者之一,特拉维夫大学教授,目前在麻省理工与哈佛大学联合癌症实验室项目Golub Lab工作

39

(续表)

封面图片	刊号	封面故事	供图/设计者	所属单位	选图性质
	2018年8月23日，第560卷，第7719期	封面说明1991年菲律宾皮纳图博火山发生的尘幕是如何遮蔽和冷却地球。这部分地启发了地球工程建议，即通过将硫酸盐气溶胶的前体注入平流层来减轻气候变暖的影响。在本周的同题中，Jonathan Proctor及其同事利用墨西哥皮纳图博火山和El Chichon火山爆发（1982年）作为对象来研究这种气溶胶、面纱对全球作物产量影响的自然实验。他们发现平流层气溶胶引起的阳光变化会对玉米、大豆、水稻和小麦的产量产生负面影响。然后，研究人员对地球工程方案进行建模，发现该技术对冷却作物生产的益处会因其遮蔽造成的损害而被抵消。这些结果表明，使用硫酸盐气溶胶的太阳能地球工程将无法减轻气候变化对全球农业生产和粮食安全造成的危害	Jonathan Proctor, Solomon Hsiang	Global Policy Lab	作者
作者即供图者					
	2018年8月30日，第560卷，第7720期	尽管20世纪60年代的绿色革命通过创造高产谷物作物促进了农业发展，但是这些优良作物利用氮气的能力极其低下，因而需大量肥料的帮助才能激发其潜力。这些肥料却是对自然环境有害的。本期科研团队通过提高植物的氮素利用率，以此保持高产。这一研究将推动高蛋白农业的可持续发展	Chanwity	Getty	艺术机构

Getty Images是视觉宽媒体公司，总部位于美国华盛顿州西雅图市，是商业和消费者的图像、编辑摄影、视频和音乐的供应商。他的市场目标分为三个，一是创意专业人士（广告和平面设计），二是媒体（印刷和在线出版），三是企业（内部设计、营销和传播部门）

40

第二章　批判图像学视阈下的科学期刊封面图像

（续表）

封面图片	刊号	封面故事	供图/设计者	所属单位	选图性质
	2018年9月6日，第561卷，第7721期	科研团队在西伯利亚洞穴中发现混合尼安德特人和杰索瓦人的第一代后代的基因组，这是一位在5万至9万年前去世的年轻女性，约13岁。在该发现之前也有关于尼安德特人和杰索瓦人的基因标本，但这起案例是首起儿童案例，这为原来关于两个人种混血的推测提供了直接证据（由于其生活在同一片大陆）。研究人员认为，其在遗传上保持不同在子当时应很常见，这种跨人种结合现象在现在保持有限的相互作用	Annette Günzel	—	艺术家

Annette Günzel 是一名德国柏林的职业设计师，目前为 Nature 提供了一张封面一张插图

| | 2018年9月13日，第561卷，第7722期 | 多重耐药菌的出现引起了广泛关注，其中ES-KAPE 病原体感染导致治疗风险最为严峻。本期，科学家介绍了他们对其优化后得到的高效广谱药物 | Marina Muun | — | 艺术家 |

Marina Muun 是一名在奥地利维也纳的插画工作与生活的插画家，与《纽约时报》《纽约客》《华盛顿邮报》泰特出版社、《华尔街日报》《谷歌》《麻省理工学院技术评论》、巴纳德学院、伦敦时装学院等都有过合作关系

41

（续表）

封面图片	刊号	封面故事	供图/设计者	所属单位	选图性质
	2018年9月20日，第561卷，第7723期	封面图片展示的是脊椎动物胚胎中后体轴伸长的效果。科学家揭示了斑马鱼胚胎组织形态发生背后的物理机制。身体后端的细胞活动较高（发橙色），使类似流体的状态，从而实现重塑。随着身体伸长的进行，细胞逐渐变得不太活跃（蓝色区域），将组织"冷冻"成固体状态，从而建立组织结构。流体到固体的转变是由泡沫状（细胞）组织结构的细胞干扰引起的	Brian Long	—	艺术家
Brian Long 是一名摄影师，曾于与 Annie Lebowitz, Greg Gorman, Mary Ellen Mark 和 Mathew Ralston 等人合作；Brian 在担任《滚石》杂志首席摄影师期间迅速成为 Mark Seliger 的第一助手。在北卡罗来纳州威尔明顿为其杂志社以及电影和电视业务拍摄了几年之后，Brian 搬到加利福尼亚州的旧金山，创办了自己的制作公司 Long Productions。自此以后，便一直为思科、雪佛兰、路虎揽胜、李维斯、IBM、耐克等多客户创作摄影和动态影像					
	2018年9月27日，第561卷，第7724期	封面图像是围绕中央高密度核心的发光蓝色可变星的湍流包络的艺术可视化图像。正如他们的名字所暗示的那样，这些巨大的进化恒星在光度和大小方面表现出很大的变化。在本周的问题中，江燕飞团队运用 3D 模型暗示这种现象背后的机制	Joseph A. Insley	ALCF	作者相关
Joseph A. Insley 是全球首届一指的计算机科学与工程中心阿贡国家实验室计算机构（ALCF）的领头人物，研究方向为可视化和数据分析					

第二章　批判图像学视阈下的科学期刊封面图像

（续表）

封面图片	刊号	封面故事	供图/设计者	所属单位	选图性质
	2018年10月4日，第562卷，第7725期	封面图片展示的是口述历史学家讨论马达加斯加盆地定居的历史。这是一种综合性工作，其中受研结果影响的人参与设计和推动研究本身，科学家和社会并肩工作以发挥作用。在这一期特刊中，科学家研究联合制作的前景和陷阱，为研究提供了指导原则，案例研究和个人思考，探讨了这种文化转变如何有助于提高科学的相关性和实用性	Garth Cripps	—	艺术家

Garth Cripps 是一位驻马达加斯加的自由摄影师，他的工作旨在讲述许多人正在经历的前所未有的环境变化以及这些变化对他们生活的影响。他特别关注气候变化、自然保护、海洋环境以及环境变化背后的人类故事，一直致力于制作有力的照片与电影，主要合作机构有CNN、Aljazeera、汤森路透基金会、《自然》杂志社和《经济学家》杂志社

|  | 2018年10月11日，第562卷，第7726期 | 英国生物样本库（UK Biobank）是一项前瞻性队列研究，收集了全英国约50万年龄在40~69岁参与者的遗传和表型数据。参与者需要进行健康检查，提供血液、尿液和唾液样本以及详细的个人信息，并同意研究人员对他们的健康状况进行随访。研究发现，许多结构和功能指标相关的基因和研究结果，并揭示了许多这些结构区域。英国生物样本库的所有数据集和研究结果都作为开放获取资源向研究人员开放 | Kelly Krause | Nature | 本期刊 |

Kelly Krause 是自然出版集团的编辑

（续表）

封面图片	刊号	封面故事	供图/设计者	所属单位	选图性质
nature (MIND READING)	2018年10月18日，第562卷，第7727期	墨鱼、鱿鱼和章鱼通过模仿环境的颜色和纹理而隐藏的独特能力一直令自然科学家着迷。这些软体动物能够通过神经元直接作用皮肤上的色素细胞来控制它们的外观，在所有动物中是独一无二的。科学家利用这种神经元与色谱的相关性来观察墨鱼的大脑，尝试在自然主义行为期间分析数万个色素细胞的方式来推断其原理	Ethan Daniels	Getty	艺术机构

Getty Images 是视觉媒体公司，总部位于美国华盛顿州西雅图市，是商业和消费者的图像、编辑摄影、视频和音乐的供应商。他的市场目标分为三个，一是创意专业人士（广告和平面设计），二是媒体（印刷和在线出版），三是企业（内部设计、营销和传播部门）

封面图片	刊号	封面故事	供图/设计者	所属单位	选图性质
nature (SECURITY BLANKET)	2018年10月25日，第562卷，第7728期	本期封面故事同时概括了两篇文章来揭示围绕"婴儿肠道微生物"的最新研究成果，包括婴儿生物群的发展以及糖尿病，母乳喂养在其中的关联。第一篇文章中，来自贝勒医学院的研究团队分析了临床研究中心采集的903位婴儿（年龄范围在3～46个月）的12 005份粪便样本，通过16S rRNA测序，确定了婴儿肠道微生物群生长会经历3个不同阶段。另一篇文章中，科学家们分析了I型糖尿病患儿早期肠道微生物群的特征。结果显示，健康婴儿的肠道微生物群落中含有更多与短链脂肪酸合成有关的基因。结合已有的研究，研究团队认为，这些基因或许对糖尿病具有保护作用	Alberto Seveso	—	艺术家

Alberto Seveso 是一名职业插画师兼数码摄影师，出生于米兰，成长于撒丁岛，现在作为自由职业者在布里斯托尔（英国）工作和生活。他对他年轻时代，他对20世纪90年代早期的滑板、甲壳图案和金属乐队音乐CD封面非常着迷，从这种激情中，他开始创作他的作品

第二章　批判图像学视阈下的科学期刊封面图像

(续表)

封面图片	刊号	封面故事	供图/设计者	所属单位	选图性质
	2018年11月1日,第563卷,第7729期	大脑神经元具有极大的多样性。本期论文中,科学家完成了一项迄今为止最全面的大脑研究:将大脑皮质最外层的保护层和大脑的认知中心细胞分成不同的"细胞类型"。由于该研究从这么多细胞中捕获了成千上万个基因的活动,并且几乎完成了视觉和运动区域类似的组织规则的研究,因此其他区域可能会遵循类似的组织规则	Michael Economo, Jayaram Chandrashekar	—	作者
Michael Economo 是波士顿大学助理教授,研究方向为计算神经科学、系统神经科学、感觉神经科学、运动控制、生物医学工程等。Jayaram Chandrashekar 和 Michael Economo 在 Janelia Research campus 共事					
	2018年11月8日,第563卷,第7730期	为了破解细胞运作之谜,研究人员采用的标准方法通常是自上而下地剖析各种细胞成分在自然环境中的互作方式。如今,技术进步让研究人员得以利用工程学原理,自下而上地重建生物过程。本期特刊探讨了自下而上细胞生物学的潜力和潜在局限性。从产生膜和代谢通路,到设计出可供医学应用的细胞样体系,再到开发出能伸展变形的细胞层,研究人员正在拼凑复杂的细胞世界的全貌	Nik Spencer	*Nature*	本期刊
Nik Spencer 就职于 *Nature*					

45

(续表)

封面图片	刊号	封面故事	供图/设计者	所属单位	选图性质
	2018年11月15日,第563卷,第7731期	英国维康桑格研究所的科研人员发现了母胎界面的单细胞图谱。他们对妊娠早期胎盘中的约7万个细胞及相匹配的母血细胞和子宫细胞进行了RNA测序,发现所涉细胞类型和支持胎儿生长的细胞间通讯网络极其复杂。细胞间通讯网络显示,母体免疫系统在胎盘植入子宫壁及其发育阶段会产生适应变化,并起到支持作用。该图谱有助于阐明子痫前期和死产等妊娠相关问题的起因	Ania Hupalowska	—	艺术家

Ania Hupalowska博士同时是一名艺术家与科学家,为生物医学交流提供视觉解决方案,创造了生物医学插图与可视化,将艺术与科学结合起来,向公众传播科学发现以展示其价值。他曾在波兰华沙大学细胞和发育生物学学位并在剑桥大学继续攻读硕士,作品曾发表在Cell、Nature、Science等生物学期刊上,为哈佛大学、Broad研究所,麻省理工学院,哥伦比亚大学,国际分子与细胞生物学研究所,剑桥大学,加州大学创建过可视化图像,以突出他们的科学研究见解

| | 2018年11月22日,第563卷,第7732期 | 发动机的螺旋桨和涡轮机主要由化石燃料提供动力这是持续一百多年来的缺陷。科学家研究发现固态推进系统使用电场米电离空气中的分子,然后与中性分子碰撞,产生推力的离子风。人们普遍认为这种推力与动力眼制会阻止飞机在试飞中,尽管整体效率较低,但研究人员证明,"固态"飞机的推力功率比与喷气发动机相当。这种概念为改进电动力推进提供了可能性 | Christina Y. He | | 艺术家 |

Christina Y. He

第二章 批判图像学视阈下的科学期刊封面图像

(续表)

封面图片	刊号	封面故事	供图/设计者	所属单位	选图性质
	2018年11月29日,第563卷,第7733期	封面图像显示了基于团队数学框架以3D打印的3D网络布局,左边是Barabási-Albert模型生成的无标度网络,右边是Erdős-Rényi模型生成的随机网络。在许多物理网络中,例如大脑中的神经元或3D集成电路,节点和链路本身是物理对象,因此不能彼此交叉和重叠。但是,用于描述此类网络的数学框架很少关注这些组件占用的实际空间,并且通常无法解释"无交叉"标准。随着网络的封装密度增加,这种影响变得越来越重要	A.-L. Barabási N. Dehmamy A. Grishchenko	—	作者

A.-L. Barabási、N. Dehmamy、A. Grishchenko,封面设计者即作者

封面图片	刊号	封面故事	供图/设计者	所属单位	选图性质
	2018年12月6日,第564卷,第7734期	造血干细胞就像是血液的"种子",通过增殖与分化,造血干细胞能够产生红细胞、白细胞、血小板等各种血细胞,但造血干细胞也需要适合的微环境。中国科学院的潘巍峻研究员团队,将先进的活体成像技术与细胞标记追踪系统相结合,对斑马鱼造血干细胞向尾部造血组织的"归巢"过程进行了高清分析。该研究是人类首次看到造血干细胞的归巢全过程	Pablo Bou Mira	Alamy	艺术机构

Alamy图片社是一家于1999年成立的英国私人摄影机构,其总部位于英国牛津郡Abingdon附近的Milton Park,目前是全球最大照片图库之一

(续表)

封面图片	刊号	封面故事	供图/设计者	所属单位	选图性质
	2018年12月13日,第564卷,第7735期	使用量子密钥加密通信的能力已经足够成熟,可以在现实世界中使用,迄今为止,这种量子密钥分发仅限于两方之间的通信。在本周的问题中,Sören Wengerowsky 和他的同事展示了一种完全连接的量子网络架构,其中一个纠缠光子源将量子态分配给四个不同的用户,并允许每个用户生成一个用于安全通信的密钥。研究人员表示,网络很容易扩展以适应更多用户,因为无需修改纠缠源来添加参与者。此外,网络在电信频段中运行,不需要有源开关元件,这意味着它可以以高量子通信速度运行	Murali Krishna	IQOQI	艺术机构

Murali Krishna 是印度摄影家、艺术家、设计家

| | 2018年12月20日,第564卷,第7736期 | 在2018年最后一期,Nature 总结了十位在当年的研究中发挥重要作用的学者。本次封面设计突出了具有不寻常特性的原子厚材料的研究进展。该图像表示两个石墨烯片偏移"魔角",这种排列在某些条件下可以表现为超导体 | JVG™ | — | 艺术机构 |

JVG™是一家位于马德里的艺术指导和制作工作室,致力于创意3D/CGI,在广告和编辑项目中为各种国际客户提供服务。该工作室由J. Vallejo创立,致力于制作大胆且基于概念的图像以帮助客户呈现超越自身想法的图像

等相关信息,对于分析 *Nature* 期刊甄选图像的原则,分析科学期刊封面图像采集大数据,具有重要的作用。以 2018 年全年为例,考证 *Nature* 期刊封面图像每个供图者或创作机构来源,将其大致分为艺术家、艺术机构、作者、作者相关、科学机构,*Nature* 本期刊等几个大类。其中,艺术家泛指摄影家、数字艺术家、动漫家、插画家等直接提供图像或对图像进行艺术处理的人员;艺术机构包括单一或众多艺术家联合创办的网站、工作室,以及国外大型供图网站,如 JVGtm,Getty,Alamy 等大型图片社;作者即课题组成员;作者相关即处于作者人际关系范围内的人员,这一方面的数据来自谷歌学者的人际关系统计,以及作者曾任职或现所在单位的学者信息;科学机构指各国家机构,如 NASA 或者 SWRI 等大型国家科研机构;最后一类是 *Nature* 集团编辑供图,这种现象就 2018 年来说较为少见,但在往年的期刊封面中占一定的比例。

总结 2018 年 *Nature* 发表的 50 幅期刊封面图像可知(图 2.1):作者本人单独提供图像 11 张,占比 20%;由与作者相关人员单独或参与提供的有 10 张,占比 19%;艺术家供图 19 张,占比 36%;艺术机构供图 10 张,占比 19%;科学机构供图一张,占比 2%;*Nature* 期刊编辑部供图 2 张,占比 4%。

按照合作制作与独立制作再次分类,将这两种方式称为单一来源与多方协作(图 2.2):单一来源有 40 个,占比 80%;多方协作有 10 个,占比 20%。单一来源大多数是独立摄影师(艺术家)提供图片,在此将"两个不同作者"共同完成这幅作品也定义为单一来源,这类图片大多数是科研成果中的一部分,二者在学术关系上也同属于一个机构。

多方协作指论文作者与其人际关系中的相关人员(同事、艺术家)协作而成,或多个不同的科学机构联合制作。单一来源的特点有以下几点:第一,供图者为作者;第二,供图者为独立摄影师;第三,供图者为致力于使科学可视化的科学家与艺术家个人或团队。例如,2018 年 1 月 4 日第 553 卷第 7686 期供图者 Barth van Rossum 是柏林一所研究所的科研人员,专注于研究分子药理学,同时喜欢用图解的方式解释困难的科学话题,致力于科学和艺术家的协作工作与科学可视化工作。对于他而言,科学可视化是一个将科学与艺术连接起来的很好的机会,他可以作为分子生物学科学家进行科学研究,同时也可以进行可视化呈现的研究。例如，2018 年 4 月 26 日第 556 卷第 7702 期的论文作者 Ella Maru Studio 是一支由美国顶尖大学的博士和专业平面设计师组成的科学家团队，他们致力于将科学知识与专业艺术设计相结合，为文章、书籍、科学期刊制作优秀的图像。

由此可见，Nature 期刊编辑部在选择封面图像时，十分注重科学性与艺术性的结合，供图者不仅仅是单一身份的论文作者，还有很多是具有多重身份的科学家与艺术家，他们的目标是将复杂的、理性的科学成果，通过艺术的、感性的审美方式呈现给受众。

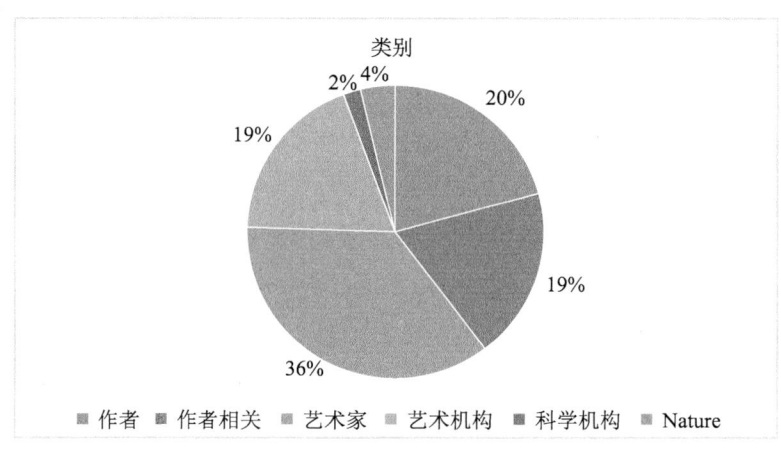

图 2.1 科学期刊封面图像创作机构调研结果图一

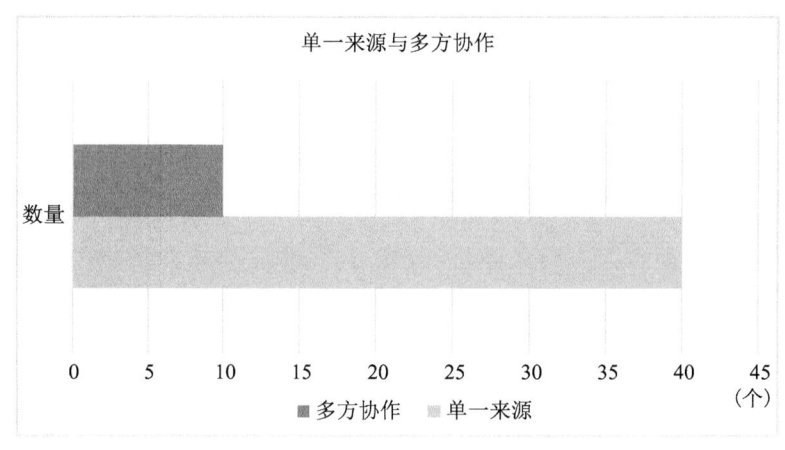

图 2.2 科学期刊封面图像创作机构调研结果图二

2.4 科学期刊封面图像研究方法

在艺术学的范畴内,应用图像学方法,对世界顶级科学期刊封面进行研究。1912年,德国学者瓦尔堡在其学术论文《费拉拉斯基法诺亚宫中的意大利艺术与国际星相学》中,首次提出"ikonologisch"(图像学)概念。本雅明认为"瓦尔堡学派是一门能够在学术边界来去自如的新形态艺术史"①。图像学权威学者欧文·潘诺夫斯基(Erwin Panofsky)在其著作《图像学研究》中,着重阐释了图像学与艺术实践的关系。"《图像学研究》一书的出版标志着图像学方法走向成熟,图像学方法诞生于艺术研究的实践,对艺术学科乃至整个人文学科都产生了深远的影响。"②美国哥伦比亚大学艺术考古系主任鲁道夫·维特科夫(Rudolf Wittkower)致力于图像学方法研究,其最有影响的著作是《人文时代的建筑原理》;剑桥大学教授欧内斯特·贡布里希(Ernst Gombrich)结合克里斯的心理学方法,超越传统图像学,将图像与语言相比较,从哲学高度探讨了图像符号作为人类思想传播工具的意义,他的学术研究代表着当代图像学研究的转型,主要著作有《艺术的故事》《象征的图像》。

瓦尔堡学派以促进艺术史和其他交叉学科合作为目标,将研究目标推广到自然科学、设计以及艺术科技等领域,把象征符号以及主题理解成人类心灵史的缩影。这一研究拓展了图像志研究的范围,图像学研究方法作为一个桥梁,将艺术与科学有机结合了起来。

2.5 科学期刊封面图像设计原则

2.5.1 科学期刊封面的视觉表征类型

国际科学期刊封面的视觉表征类型共有以下四种:① 再现科学研究的宏观

---

① 郁火星,张守宇. 现代西方艺术研究中的图像学方法[J]. 艺术百家,2012(3):180.
② Wolter Benjamin. Gesommelte Schrilten[J]. Suhrkamp Verlag,1974(1):1049.

对象,如生物类期刊封面,或研究对象的微观结构,如化学类期刊封面;② 揭示科学原理,在学术图片的基础上做艺术处理,或以视觉暗语的方式,进行封面装帧设计;③ 把"某个研究的问题"艺术视觉化,展示研究过程中的突变或冲突;④ 科学对社会人文的影响,科学研究结果在未来社会应用中的展现,实验过程中某个具有审美特性的瞬间的放大。

2.5.2　图像设计原理

(1) 视觉指代准确性

科学原理的准确性是科学期刊封面装帧最基本的创作要求。人类对于同类信息量的接受,存在视觉生理及视觉心理的最大限制。在世界顶级科学期刊上发表的论文,都是世界最新科研成果,内容深奥,这就要求封面的构图元素——文字及图形的形状、方位肯定,不能边界模糊。

(2) 视觉创意直观性

科学期刊封面设计的视觉效果须具有直观性。这种直观不仅仅是科学家看到的直观,而且是读者能够通过读图形成直观的、对科学原理有效的理解,即受众观看封面设计后"第一眼"的感觉。

(3) 视觉元素象征性

封面图片设计采用图像学研究方法的要义在于:进行视觉元素象征性处理。将形态心理和色彩心理与其在平面中不同位置产生的不同心理结合,可构成表达创作者意识的封面。形态分为概念形态和现实形态,现实形态又分为自然形态和人为形态。因此,在进行科学期刊封面设计过程中,创作者更加侧重纯粹形态的视觉元素心理的象征处理。

(4) 视觉效果优先于科学原理

封面图片的视觉效果须优先于科学原理。以世界顶级化学期刊 *Angewandte Chemie International Edition* 为例,每期刊登论文 20 篇,有 1 篇成果的标题可刊载在封面上成为"封面文章"。此封面图片须具备很高的美学水准,且精准地表现最新科研成果的核心原理,该要求是广告公司或专业平面设计师难以达到的。

厘清世界顶级科学期刊的封面装帧特征，研究其封面图片的设计原理，且进行概括化和理论化，能够为中国科学期刊的封面装帧提出设计的建议和可操作的对策。能够促进中国科学期刊封面装帧的发展，以生动的视觉形象，在国际范围内广泛传播中国最新的科学成果。

第三章
科学期刊封面图像中的"视觉文化"

3.1 科学图像的视觉吸引力

英国《嘉人》杂志前主编利兹·琼斯曾说过:"当代读者从书架上取走他们喜欢的期刊,平均用时3秒钟。"这意味着,21世纪全球进入注意力经济时代。期刊,尤其以严肃科学为主要传播对象的科学期刊,面临的是一场没有硝烟的战争——"注意力"的争夺。诺贝尔获奖者赫伯特·西蒙曾指出:"当今社会,有价值的不是信息,而是注意力。"

2003年9月,文化部颁布《关于支持和促进文化产业发展的若干意见》,将文化产业定义为:从事文化产品生产和提供文化服务的经营性行业。2018年,国家统计局颁布新修订的《文化及相关产业分类(2018)》标准,文化及相关产业被分为9个大类。在《文化及相关产业分类(2018)》中,"期刊出版"在第二部分"文化产品的生产"中被提出。去除编辑与生产环节,市场营销成为期刊销售中最为重要的一环,而期刊封面的视觉吸引力则是期刊营销的关键。"科学期刊在注重社会效益的同时还应注重经济效益,没有经济效益,期刊就失去了生存与发展的保障。要提高期刊自身的经济效益,就得从提高期刊质量、扩大发行量、增加广告业务等方面着手。提高期刊质量,不单单是内容质量,装帧设计质量也占有很大的比重。"[①]这就要求科学期刊的封面设计人员要以读者的视觉需求为主旨,应用色彩等元素,吸引读者的注意力,起到成功营销期刊的作用。

"图片是一种世界语言,因为它超越了国家、地域的界限,容易被不同的民

---

① 李伟年. 论科学期刊的封面设计[J]. 科技情报开发与经济,2005(7):274-275.

族和人种所接受,它的表达能力比文字更形象、更直观,并且图片在一瞬间对人们视觉的吸引力是永远大于文字的,这就决定了几乎所有的杂志封面设计者每个月都要绞尽脑汁地挑选最具有冲击力、最为精美的图片。选择封面图片不仅被看作一种艺术,也被看作一种科学。"[1]封面图片是科学期刊终端的广告形式,并延伸为期刊品质的象征。要将期刊销售出去,就要在封面、内容与读者之间建立良性互动关系,而这样的互动关系,则取决于科学期刊封面塑造的视觉形象吸引力。

3.1.1 AIDMA 理论

美国广告学家 E. S. 刘易斯将受众接受消费的心理过程,总结为 AIDMA 理论,即"注意(attention)—兴趣(interest)—欲望(desire)—行动(action)",后期增添了"记忆(memory)"阶段。在科学期刊的封面营销中,色彩起到营造封面视觉冲击力、独特的识别与传达的作用。

在科学期刊营销方面,封面的视觉形象是吸引读者注意力的首要因素。视觉注意力分为有意注意和无意注意两种。在期刊营销的过程中,视觉吸引力是无意注意,也就是视觉的原始驱动力。在 ADIMA 理论中,科学期刊的封面图片成功吸引读者的注意后,继而调动他们的购买欲望。在科学期刊的销售中,读者购买的是他们感兴趣的信息,例如封面中美丽的、具有视觉吸引力的、令人产生想象与好奇心理、与读者产生情感上交流的图片。然而,一旦期刊的封面图片晦涩难懂,色彩枯燥沉闷,令读者的信息体验不愉快,那么读者的阅读兴趣就会搁置不前,难以被激发,更不会再去购买这本期刊,从而影响科学期刊的销售量。

3.1.2 "7 秒定律"

在选择期刊时,存在一个"7 秒定律",即读者面对多项选择时,在短短的 7 秒钟内,凭借期刊的封面,瞬间形成对期刊的喜恶感受。这其中,色彩的影响力

---

[1] 苏米,方李. 关于杂志封面设计的几点思考[J]. 装饰,2005(3):122.

占据 65%。可见,在最初"短兵相接"的阶段,色彩因素对于读者的选择,具有决定性作用。从视觉心理学角度来说,受众在观察物体最初的 20 秒内,视觉器官中,色彩感觉为 80%,形体感觉为 20%。"色彩是封面设计的要素之一,是第一视觉语言,信息的首要传递者。封面色彩具有强于图形和文字的表达作用。"①期刊封面的色彩给读者的第一印象快速而鲜明,能够满足激情型读者群体瞬间的购买欲望。

3.2 封面图像的色彩语言

"色彩是视觉传达设计中图形传达的重要组成部分,是视觉审美的核心"②。从视觉心理学角度看,人类在视觉方面,对于色彩信息的体验,比文字来得更直观。人类的眼睛总是选择最直观、注目的事物进行首次观看。封面色彩是期刊封面中,最引人注目的视觉元素。色彩本身具有强烈的情感表达能力,这就要求科学期刊要运用好色彩,设计出具有视觉吸引力的封面形象。

"封面色彩对读者视觉的第一印象起着关键作用。"③有调查表明,成功的封面色彩设计,可以提高 10% 的期刊销售量。在科学期刊封面视觉流程中,目标读者进入信息阅读之前,色彩已经为读者带去视觉体验。封面的色彩语言作用于潜意识,在一定程度上能够反映当期内容的格调,阐释科学期刊的科学信息,并实现期刊封面的色彩营销。因此,科学期刊在进行封面色彩设计时,要从读者需求的角度出发,做好以下几点。

3.2.1 增强色彩层次感

"期刊封面的色彩处理是设计最重要一关。得体的色彩表现和艺术处理,能在读者的视觉中产生夺目的效果。"④一旦色彩的层次感拉开,就会增加读者

---

① 徐晋林.书籍设计人性化探析[J].中国出版,2009(7):52-53.
② 卢建洲.图形的语言——论视觉传达设计中图形形式与色彩的适合性[J].郑州轻工业学院学报(社会科学版),2005(6):60-62.
③ 张婷.国外理工类教材流行封面设计分析[J].科技与出版,2015(9):47-51.
④ 霍晶.科学期刊封面设计的视觉艺术[J].艺术与设计(理论版),2008(3):54-56.

的视觉深度,强化封面的视觉吸引力,使期刊封面具有视觉张力。

不同的色彩能够影响读者的心理变化,从而影响期刊的销售。歌德曾将色彩归纳为主动的、积极的和被动的、消极的属性。多个色彩在相同视域中出现时,朱红、柠檬黄、湖蓝等明度与纯度较高的色彩,具有积极、主动的属性,能够瞬间抓住受众的眼球,在视觉中胜出。

3.2.2　提升色彩象征性

色彩本身不具备确定的感情内容,但由于文化、地缘、各民族对于色彩的民族感应性不同,从而产生色彩独特的情感象征体系,例如,橄榄绿象征军警系统、白色象征医疗系统、红色象征喜庆、绿色象征和平。因此,科学期刊封面设计中,提升色彩的象征性,可以使封面图片具有深刻的文化内涵,是封面色彩营销的重要方式。

2015 年 5 月 1 日出版的 *Science* 期刊,封面是连贯的 X 射线与可见激光雕刻而成的图案。当铁原子被玫瑰花型的激光场撞击的时候(紫色部分),红色和蓝色的圆偏振激光会强烈叠加而产生反螺旋性。一个电子会从铁离子上面剥离而产生强光,其中的圆偏振光会出现在蓝色部分的远紫外区域。封面以黑色作为底色,选取的蓝色与紫色将明度与纯度降低,使整个画面处在沉稳的黑灰色调之中(图3.1)。

图 3.1　2015 年 5 月 1 日 *Science* 期刊封面

3.2.3　感应色彩时代性

一旦科学期刊的封面色彩具有时代性,就会获得时间美感,同时也符合大多数读者对于色彩的当代审美需求,强化封面对读者的感召力。随着科学技术的发展,印刷技术快速提升,产生了许多具有现代感的色彩,例如金银色、荧光色、黑白漆片、特种纸颜色。当代科学期刊应该结合先进的色彩设计方法,引领期刊封面的审美新风尚,使科学期刊的封面色彩与时俱进、彰显个性,饱含新技术与新理念。

2013年11月8日出版的 Science 期刊,封面为碳同位素标记的石墨烯的拉曼光谱图。金色的、未标记的甲烷分子(C-12)和黑色的、同位素标记的甲烷分子(C-13),选择性地分布在石墨烯负载的棕红色的铜表面上。一般来说,封面设计中,比较慎用金色,因其色彩鲜艳,在其他色调中不好掌控,容易产生突兀的感觉。但该期封面中,设计者将金色的、未标记的甲烷分子,与黑色的、同位素标记的甲烷分子交替组合,好似鲜艳夺目的花朵盛开在棕红色的土壤中,设计思路新颖,金色的色彩也具有时代特性,成功地揭示了科学主题:石墨烯单晶生长的参数与石墨烯的形状大小相关,可以用于纳米电子器件、光学器件以及超强材料领域(如图3.2)。

图 3.2　2013 年 11 月 8 日 Science 期刊封面

3.3　科学期刊封面图像的艺术特征

3.3.1　色彩对比之美

每幅图片都有一个视觉冲击中心,期刊封面也是如此。视觉冲击中心引导受众的视线,同时增强期刊封面的形象识别度。受众在观赏图片时,关注力通常只有极短的 2 秒钟,而对人体视觉冲击力影响最大的就是色彩。"色彩的主观特征能够创造失真视觉空间,与色彩主观感觉特征的生成机制密切相关。色彩的主观感觉起因于人们不同的感觉与联想。"[①]因此,色彩对比强烈、搭配响亮的封面,能够引起受众瞬间的注目。色彩对比越强,注视率越高,注目性就越

---

① 崔之进. 凡·高作品的色彩研究[J]. 东南大学学报(哲学社会科学版),2012,14(4):108-110.

强。例如,2013 年 3 月 29 日出版的 Science 期刊封面(图 3.3),以纯度极高的 3 对补色——红色＋绿色、黄色＋紫色、橙色＋蓝色,出现在画面中,揭示了科学原理:人类结肠癌基因序列,由彩色钡餐 X 单晶衍射确定。在自然界或者图片设计中,一旦将这 3 对补色中的任何一对放在同一个空间,对比效果将会异常强烈,更何况 3 对补色同时出现。另外,在底色与图片的边缘结合处应用对比色,也会产生强烈的注目性效果,并且强化造型的象征意味,增强图像的表现力。设计者将抽象处理的结肠边缘左侧渲染为黄色,与之紧密接触的背景色为与黄色相对应的互补色紫色,右侧边缘接壤处则处理为橙色与蓝色。这期封面图片应用色彩的对比,采用艺术手段形象地表达了最新的科学成果:人类肿瘤细胞的基因组序列,揭开了驱使肿瘤细胞增长的基因变异的神秘面纱,令受众了解到当今最前沿的科技成果可能会产生有效的癌症治疗手段,使受众对未来的科技产生憧憬与希望。

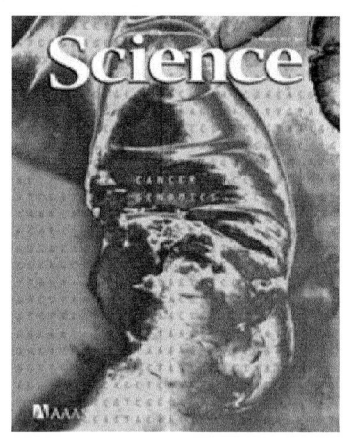
图 3.3　2013 年 3 月 29 日出版的 Science 期刊封面

图 3.4　2014 年 10 月 3 日出版的 Science 期刊封面

补色也可以用于色彩比较,如黑色与白色可以产生色彩对比之美。2014 年 10 月 3 日出版的 Science 期刊封面(图 3.4)显示的是:占据封面主体位置的一个人,他处于背光位置,色彩显示为黑灰色,张开的双手捧住一只小白鼠。图片反映亮点论文的科学主题:研究人员构建特定患者的癌症"化身",或者像人类一样自发形成肿瘤的工程小鼠。封面人物的手心呈现肉粉色,与封面左上方淡粉色的"Science"字体遥相呼应,小白鼠、封面的亮点论文题目的色彩为白色。

这样,黑灰色调与白色、淡粉色形成对比色调,在封面中形成黑色调、白色调、灰色调;同时,封面的图片由上而下的"Science 字体—男人人体—论文题目—捧着小白鼠的双手"的色彩节奏为白—黑—白—黑—白。封面图片的色彩对比极具层次感,为受众带去视觉冲击力的同时,也精确传递了这项科技工作的最新研究成果,标志着癌症生物学的一个巨大革命,以及新的小白鼠模型为更人性化的治疗铺平了道路的科学主题。

3.3.2 名画改编之美

2011 年 5 月出版的 *Nature Chemical Biology*（《自然——化学生物学》）的封面（图 3.5）,改编自后印象派画家凡·高的名作 *Starry Night*（《星夜》,图 3.6）,描述了核酸序列聚合的不稳定性以及无活性蛋白质的形成过程。此过程的分子表达,在封面中以卷曲的云彩显示出来。凡·高的《星夜》原作是横构图,此封面设计改为竖构图。凡·高以短而有力的小笔触表现天空的云彩与月亮,给人以不稳定与飘动感;此幅封面图片则以短小的英文分子式表现云彩与月亮,并适当降

图 3.5　2011 年 5 月出版的
Nature Chemical Biology
（《自然——化学生物学》）的封面

图 3.6　1889 年,荷兰,凡·高,《星夜》
（画布油画,73 cm×92 cm,纽约现代艺术馆藏）

低明度。凡·高的作品除了擅用纯度较高的原色之外,笔触短小而成螺旋状,这也是其作品一大特色;这幅 *Nature* 的图片设计者在笔触再造方面,抓住了原作的笔触特征,同时基本保持原作的深蓝色调。由此说明,此期封面设计者不仅深谙科学原理,通过精妙的图片设计精确表达美国和比利时科学家弗雷德里克·卢梭(Frederic Rousseau)教授以及乔斯特·希姆科维茨(Joost Schymkowitz)教授合作的研究成果:如何在机理上研究 p53 的突变,在结构上使 DNA(脱氧核糖核酸)的结合区域不稳定,从而增加核酸序列聚合的几率。同时,设计者也对后印象派画家凡·高的名作具有较深刻的理解。

2015 年 2 月 6 日出版的 *Science* 期刊封面图片(图 3.7)改编自印象派画家莫奈的油画作品:《干草垛》系列油画作品之一。莫奈创作的油画作品《干草垛》(图 3.8),画面为横构图,具有远近虚实感;图 3.7 是封面图片的摄影作品素材,反映了热点论文的相关科学主题:白蚁丘在澳大利亚塔纳米沙漠的热带草原和稀树草原中无处不在,它们能够帮助稳定生态系统,并为其应对气候变化提供缓冲作用。所选取的摄影作品为竖构图,相比较莫奈的油画作品,色彩则更为鲜艳而富有视觉

图 3.7　2015 年 2 月 6 日出版的 *Science* 期刊封面

图 3.8　1890 年,法国,克劳德·莫奈,《干草垛》

冲击力,物象的轮廓线也更为明确。但是,封面的设计立意仍立足于《干草垛》:一大一小两堆草垛伫立在旷野中。

借助名家之作表达对应的科研主题的创作理念,既提升了期刊的品位,也拉近了科学与读者的距离,彰显出顶级科学期刊对于科学与艺术融合的要求。

3.3.3 "少即是多"

简约是客观物象在长期科学活动中形成的、表现规律的物象特征。同时,简约也具有审美意味。科学期刊封面设计也追求简约之美。中国传统绘画的构图强调"留白",即以少许胜多许,留下相当多的空白,给受众品味其中的意味,产生无限想象力。在封面设计中,应以最简约的构成形式,创造与科学期刊主题高度融合的封面图片,留出空白,让受众展开想象之翼。

图 3.9　2014 年 1 月 17 日出版的 *Science* 期刊封面

例如,2014 年 1 月 17 日出版的 *Science* 期刊封面(图 3.9)为虚拟粒子周围电子的电荷分布艺术图。该封面图片设计简约但不失视觉冲击力。设计者将蓝绿色调的二氧化钛分子自旋运动,布置在黑色底调的中间,完全没有其他颜色或者构图修饰。简约的构图,少少的蓝绿与黑色,却形成夺人眼球的视觉效果。以此图片象征测量结果:完美的圆度误差必须小于万亿分之一,并提出制约扩展粒子物理标准模型的建议,令受众欣赏美图的同时,主动接受世界前沿的科技成果。

2015 年 4 月 17 日出版的 *Science* 期刊封面(图 3.10)设计者将一只抬头凝视的小狗相片放在封面的中央位置,小狗的眼神执著而专注。此张封面图片以简洁而接"地气"的方式

图 3.10　2015 年 4 月 17 日出版的 *Science* 期刊封面

表现出当期亮点论文的主题：人与狗互动时，双方脑中同时剧增催产素；而相互注视则是催产素驱动的、亲密关系的机制。相互注视可以帮助狗与主人建立纽带关系，也能够强化人类母亲与动物婴儿之间的感情纽带。因此，这种特别的联谊结合机制是人在驯化狗的过程中，同时在人类和犬类的关系演变中演化出来的。当代的考古学家和基因学家合作，旨在研究什么时候、在哪里开始形成这种特殊的关系。设计者仅将一只品种与外形都很普通的"田园犬"抬头凝神的相片，放在封面的主体位置，在面积上强化小狗的眼神与头部，弱化与科学主题关联度不大的身体部分，使得该期封面在设计理念上具有趣味的同时，图片形式也较有美学意味。

在科学期刊传递科学原理的同时，让受众感受到期刊封面的审美意味以及节奏的张力，是科学期刊封面设计的艺术魅力所在。目前很多国际顶级科学期刊已成功做到将艺术美与科技美有机融合，为受众带来一场视觉盛宴，也为国内的科学期刊封面设计者带来启发。

3.3.4 抽象组合之美

抽象组合之美，即无论几何形、自由形，还是星宇形、微子形等，都强调表现主观情感，反映形式美。如2014年7月4日出版的 Science 封面装帧显示了两个六边形的碳环相互堆积到一起，跟外场以及电子相互作用，产生奇异的量子效应。封面图片用虚实对比、大小不一的几组六边形图案，在蓝色背景中进行分割，形成抽象组合的美感（图3.11）。

3.3.5 色彩构成之美

色彩构成发挥人类右脑的抽象思维，将科学原理与艺术形式之美结合，利用色彩在时空中的变换进行重新组合，创造出崭新的视觉形象，为受众带去视觉冲击力，且能够强化造型的象征意味，增强图像的表现力。如2013年

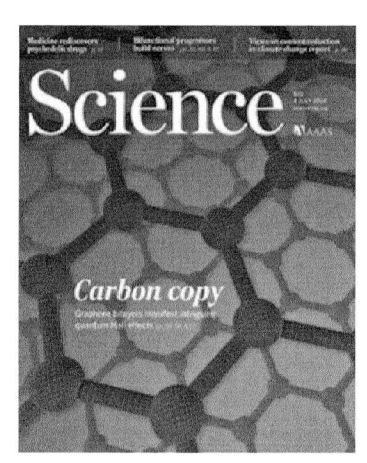

图3.11 2014年7月出版的 Science 期刊的封面设计

11月1日出版的 *Science* 的封面装帧用阴阳图形表现:扫描电子显微镜下鼠的肺泡巨噬细胞的叠加图片(图3.12)。图片应用强烈的色彩对比,即纯度很高的红、黄、蓝、绿色,抛弃明暗与形体的塑造,但色彩仍控制有序,给人强烈的视觉冲击力。同时,图片也反映了科学主题,阐释了巨噬细胞不仅能够调节免疫,还能起到保护自身的作用。

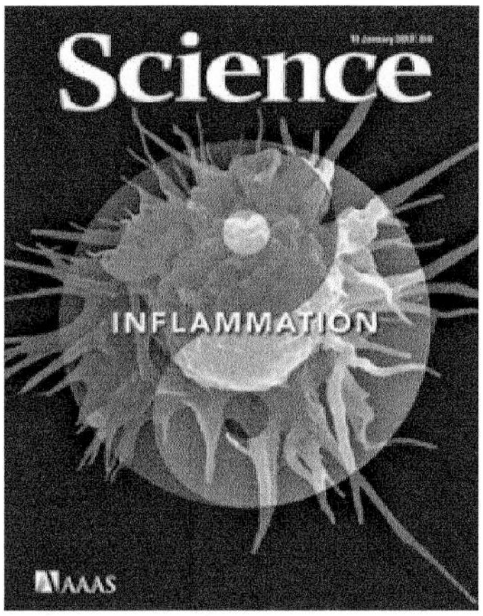

3.3.6 高级灰调之美

当你掌握了灰色调,就掌握了色彩的精髓。高级灰是由多种色彩调配而成,其中没有一种色彩是独立存在的。

图 3.12　2013 年 1 月, *Science* 期刊的封面设计

3.4 科学期刊封面的形象表征

3.4.1 学术严谨性

为体现自然科学研究的学术严谨性,期刊封面应保持严肃的基调。如以单色铺陈、渐变,多色块组合、叠加等形式,填充封面基底;或通过科技感强的 CG 图片表现,以避免因辨识度不高而产生的乏味感(图3.13)。

3.4.2 文化包容性

在顶级科学期刊封面设计的过程中,逐渐吸纳与科学研究并不密切的文化元素,如中国的阴阳八卦图、玉器,以及其他产业和领域的文化元素,如游戏、禅宗产业,以此与科学期刊进行对话。

图 3.13　2014 年 10 月, *Nature* 期刊的封面设计

3.5 科学期刊封面图像的传播意义

3.5.1 科学期刊封面图像的重要性

封面是科学期刊展示科研成果的阵地,也是体现期刊品质的首要视觉传播途径。目前,世界顶级科学期刊编辑部在封面设计方面都具有前沿意识,他们设计出来的封面具有科学美与艺术美相结合的特点。国际顶级的科学期刊,如 Nature, Science 都非常重视封面图片设计。中国学界将封面设计划定在艺术设计门类中。研究人员一般对于人文期刊的封面设计较为关注,因为此类期刊的内容与封面图片设计的连接点较为突出,容易抓取特征;科学期刊的内容则是客观事实,需要对科学主题有深入的了解,同时,还要精通艺术设计,才能成功设计相应的封面图片。我国的科学期刊编辑部在封面设计方面,还处于比较被动的、简单的延续状态,未有新的突破。

中国学者对科学期刊封面的研究,呈现出以下特点:① 研究某个具体门类科学的期刊封面特征,未出现艺术学研究方法。例如,论文《生物类顶级学术期刊的封面图片特征分析》[①]、论文《Nature 及其子刊封面视觉艺术特征分析》[②]、《Nature, Science, Cell 封面故事的国际比较研究》[③]。② 以某个科学期刊作为个案研究对象。例如,论文《对科技期刊封面设计的基本规则和发展趋势的探讨——以〈核技术〉封面重新设计为例》[④]、论文《前沿化学期刊封面上的科学之美探析》[⑤]。③ 研究科学期刊封面的科学可视化特征。例如,论文《世界顶级科技期刊封面科学可视化的三大特征》[⑥]和《中外顶级科技期刊科学可视化的比较

---

① 王国燕. 生物类顶级学术期刊的封面图片特征分析[J]. 科技传播,2014(2):252-254.
② 王国燕. Nature 及其子刊封面视觉艺术特征分析[J]. 科技与出版,2014(7):63-68.
③ 王国燕,程曦,姚雨婷. Nature, Science, Cell 封面故事的国际比较研究[J]. 中国科技期刊研究,2014,25(9):1181-1185.
④ 霍宏. 对科技期刊封面设计的基本规则和发展趋势的探讨——《核技术》封面重新设计为例[J]. 中国科技期刊研究,2013,24(4):818-821.
⑤ 霍宏,王国燕. 前沿化学期刊封面上的科学之美探析[J]. 科普研究,2014(9):59-65.
⑥ 王国燕,姚雨婷,张致远. 世界顶级科技期刊封面科学可视化的三大特征[J]. 出版发行研究,2013(11):86-89.

分析》①。

科学期刊封面的艺术化可以提升其所刊载相应科技成果的影响力。"科技期刊封面的艺术性应体现为庄重、雅致、朴素、大方、立意深邃。其设计应符合平面构图的基本规律,满足视觉美观的要求。"②我国的科学期刊在封面设计方面暂处于"盲点"位置,因此,罕有学者采用艺术学方法研究科学期刊封面。然而,"科技期刊的封面是展现期刊内容的窗口,优秀的期刊封面不仅能够引起作者与读者的共鸣,而且可以激发读者连续关注该期刊内容的兴趣。"③封面是期刊的"脸面",也是读者视觉活动的第一视点,科学期刊封面的图片应具有独立的艺术价值。

3.5.2 科学期刊封面图像的艺术与科技价值

(1) 科学期刊封面艺术化,可提升科技影响力和传播价值

丹尼佛·贝尔提出:"声音和图像,尤其是后者,约定审美,主宰公众。"当最新的科研成果以艺术视觉的图片装帧形式登上世界顶级科学期刊的封面,不仅能引起全世界科学家的重视,同时,"美的封面可吸引读者、辅助美誉并能创造其他多种直接和间接的经济价值、收藏价值和媒体价值"④。具有艺术魅力的封面,为科学家、科学爱好者,甚至艺术家带去审美享受的同时,也传递了深奥的科学道理。当代文化逐渐成为视觉文化,科学文化也不例外。

(2) 借鉴国际科学期刊封面设计的经验,为我国提供策略

科学期刊不仅应具有科学美,还要具有形式美。封面作为期刊的皮肤,在期刊形象塑造、内容知识传播等方面具有重要意义。封面图片的设计有规律可循。在某种科技传播机制的促进下,中国大批优秀的设计师能和科研团队实现有效对话,通过专业的沟通桥梁实现科学原理与数字艺术的相互融合,从而更好地服务于顶级科研成果。

---

① 王国燕,程曦,潘云.中外顶级科技期刊科学可视化的比较分析[J].中国编辑,2014(4):41-46.
② 王国燕,姚雨婷.科技期刊封面图像及创作机构的案例研究[J].科技与出版,2014(10):67-71.
③ 温文,倪天辰.《自然杂志》的封面设计及特色[J].学报编辑论丛,2013:339-342.
④ 夏一鸣.论期刊封面的总体构思[J].编辑之友,2005(3):50-54.

第四章
科学期刊封面图像中的"鲁宾之杯"

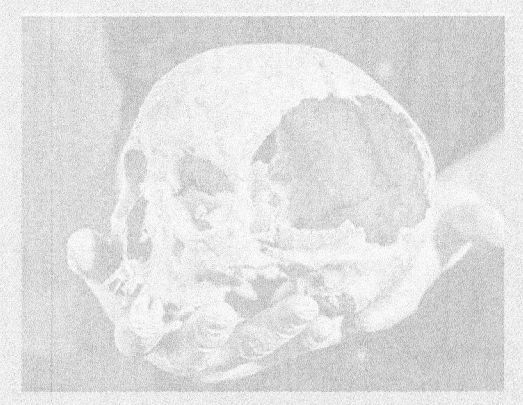

4.1 "鲁宾之杯"图像学阐释

4.1.1 格式塔视知觉理论产生的背景

应用格式塔视知觉理论研究科学期刊封面是一个崭新的方向。"格式塔心理学美学不仅揭示了人类知觉的基本规律,同时也抓住了基于主体知觉生理与心理规律的艺术形式的根本法则。无论艺术的表现性还是整个艺术的视觉发展史,似乎都能成为这种规律与法则生动而形象的依据与图示。"[①]

"西方学术界惯于将阿恩海姆的格式塔心理学美学理解为一种'视知觉形式完形理论',将视知觉形式形成的动力机制归于视知觉先赋的完形倾向之下。"[②]格式塔理论研究紧扣视知觉,既涉及心理学,又涉及设计,是将设计与受众联系起来的桥梁,也是近20年来中国心理学家、艺术家进行平面设计研究的重点。然而,应用格式塔理论进行期刊封面的研究少之又少。将心理学科、视知觉与艺术学科交叉应用到封面设计研究,对改变中国科学期刊封面设计略显滞后、呆板的现状起到了启示与借鉴的作用。

美学家阿恩海姆将丹麦心理学家鲁宾(E. J. Rubin,1886—1951)做的心理学实验"鲁宾之杯"归纳到视知觉范畴。"鲁宾之杯"图像具有新奇、陌生化的特点,能够产生较强的视觉冲击力,让受众眼前一亮。近年来,设计师从视知觉

---

① 张杰.格式塔心理美学质疑论的解构与还原[J].东南大学学报(哲学社会科学版),2015(2):125-129.
② 宁海林.现代西方美学语境中的阿恩海姆视知觉形式动力理论[J].人文杂志,2012(3):97-102.

的角度寻找科学期刊封面设计的突破口,结合"用户体验""受众心理"等视角,利用大脑传送视觉信息的方式,改进封面设计,使其更贴近当代人的生理和心理需求。

4.1.2 "鲁宾之杯"图像

1915年,丹麦心理学家鲁宾通过心理测试图形"鲁宾之杯"(见图4.1),应用共生线,将图形和背景有机融合,证明图形与背景之间的关系并非恒定,而是可以相互转换的。

在"鲁宾之杯"图像中,凹凸有致的杯形外轮廓,恰好形成两个侧面的人脸外形:杯子既可成为"正形"——图形,又可成为"负形"——背景。究竟是白色的杯子放置在黑色的背景之中,还是两张黑色的侧脸展现在白色的平面中,这就牵涉图形与背景的转换关系,也是以此研究科学期刊封面设计的基本理论。

图4.1 "鲁宾之杯"图像

在"鲁宾之杯"图像中,图形与背景都属于个体,属于部分内容。图形与背景共生的关系属于整体研究范畴。图形与背景共同产生了共生图形的整体效应;同时,整体性也决定其共生中的图形和背景的部分效应。类似"鲁宾之杯"图像的图形还有很多,如出土的中国新石器时期黄河流域的彩陶器纹饰(图4.2),上面也出现过图像与背景依靠共生线存在于一个空间中。

图4.2 新石器时期黄河流域的彩陶纹饰

"鲁宾之杯"中的图形与背景是图像学中基本的一对范畴,它产生的因素有三点:共生轮廓线、独特的构图方式、对比统一的规律。当受众把视知觉对象中的一部分选出来作为图形,其余部分即为背景,二者一正一负。图形是积极、突出的;背景则相对模糊,对图形起到衬托作用。

4.1.3 共生与正负

有一类图形打破了图形与背景之间看似不可逾越的界限,以巧妙的"共生"形式,形成图形与背景相互转化的共生图形。如中国春秋时期的太极图,就是图形与背景互换艺术形式的高度凝练(图4.3),黑白对立的阴阳两极一正一负,互为图底,在不断运动的过程中,进行阴阳交替。究竟哪个是"正形",哪个是"负形",全由受众依据自身的视知觉经验进行判断。

近现代,"鲁宾之杯"作为一种视觉现象,以自身的矛盾性、多义性及独特的魅力,吸引了受众的目光,引起艺术家、设计师、心理学家的关注。同时,它又反映出受众读图过程中的某种生理机制与心理机制。作为视觉传达设计或平面设计中的一种形式,启迪着受众的思维,为封面设计师带来创意灵感。

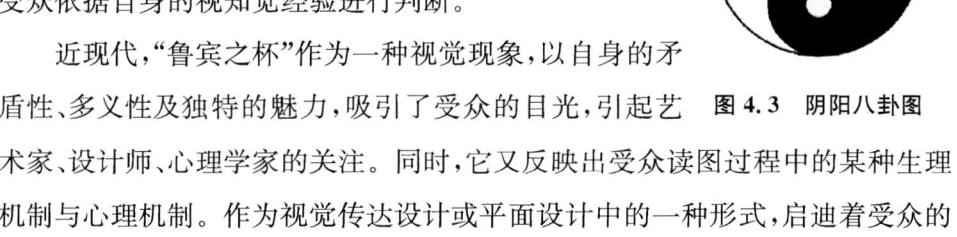

图 4.3 阴阳八卦图

4.2 科学图像中的"鲁宾之杯"

随着科技的进步,"鲁宾之杯"图像的表现形式愈加丰富。很多设计师对图形与背景之间共生的关系进行重构,使图形产生不确定性、互渗性等视觉效果,创造出意想不到的视觉空间,使期刊封面具有更丰富的意义、张力、视觉冲击力,从而增添作品的陌生化效应,令受众体验到思维上的延续。

4.2.1 简化与张力

阿恩海姆应用格式塔理论中的简化理论,对"鲁宾之杯"图像进行阐释,并引入空间的概念。同时,阿恩海姆在《艺术与视知觉》一书中提出"张力"说:"在画和雕塑中既看不到由物理力驱动的动作,又看不到这些物理动作造成的幻觉。我们从中看到的,仅仅是视觉形状向某些方向上的集聚或倾斜,它们传递的是一种事件,而不是一种存在。正如康定斯基所说,它们包含的是一种'具有倾向性的张力'。"[1]这是视知觉理论的核心思想,即使用适当的视错觉,增强图形的层次感与张力,引起受众的关注以及情感共鸣,从而在期刊封面设计过程中发挥重要作用。

在没有物体运动的地方观察到的运动,就是张力,这种张力在艺术形式效应中极为重要。因为任何非同质性的刺激事物都会生成张力,从而使得视阈的简化性大为减少。如 2011 年 8 月 12 日出版的 *Science* 期刊封面(图 4.4)题目为"全世界",封面图片从左至右、从上至下显示了用许多种语言表达的"科学"二字,包括日语、德语、孟加拉语(罗马字体)、印度尼西亚语、孟加拉语(孟加拉字体)、泰米尔语、切罗基语、斯瓦希里语、印地语、芬兰语、斯洛伐克语、阿尔巴

图 4.4　2011 年 8 月 12 日 *Science* 期刊封面

尼亚语、阿拉伯语、意大利语、西班牙语、藏语、俄语、荷兰语、蒙古语、中文、希伯来语、夏威夷语、瑞典语。封面图片在设计构图中采用较为均衡、平稳的方式建构画面。从直观角度来看,图片本身并没有具有运动趋势的图形。然而,左侧男性头像的嘴唇略微张开的细节,给画面以运动态势,与右边紧闭唇齿的女性头像形成对比,使封面形成一种内在的张力。

封面图片借鉴心理学家鲁宾设计的"鲁宾之杯"图像,并使其简化,将封面左右两边的头像设计为具有性别特征的男性头像与女性头像。位于左方的男性头像的眉弓骨、睫毛和微微张开的嘴唇,显示出头像的性别以及正在进行语言对话的态势;封面右方是一位女性头像,她额头圆润,睫毛突出,嘴唇紧闭,显示为语言的接收方。该期封面以"鲁宾之杯"图像为原型,简化为正在进行语言

---

[1] 鲁道夫·阿恩海姆. 艺术与视知觉[M]. 滕守尧,朱疆源,译. 成都:四川人民出版社,1998:563.

对话的异性头像,并在封面形成一定的张力。以封面简化的张力之美,揭示了科学家对语言的起源、历史以及未来的研究。

再如 2013 年 10 月 4 日出版的 *Science* 期刊封面(图 4.5)着重阐释了当时的一项颠覆性变革——开放式存取,相应文章是对提交稿件的诚信度以及对同行评议者之间的信任进行考验的研究。封面借鉴"鲁宾之杯"图像绘制了两位科学家,左边为女性科学家,右边为男性科学家。设计者将人物形象简化,并显示出

图 4.5 2013 年 10 月 4 日 *Science* 期刊封面

头像的性别,用若干组方向不一的箭头与两位人物微微张开的嘴唇,表现出双方进行语言对话的态势。

该期封面模仿"鲁宾之杯"图像,将两位人物形象简化为正在进行语言对话的头像,两位人物形象共用封面正中垂直的线条,将其作为图像的共生线。从图片中灰色与暗红色的色调看,设计者并未将男性或女性头像区分为"正形""负形",但简化为类似于简笔画的科学家头像,以及灰色调与红色调之间的对比,拉起了整个封面的张力。设计者以此图片反映了针对科学沟通领域的剧烈变革进行的研究,以及完全网络化和数据交换的能力,正在改变科学家之间交流的方式。

4.2.2 意义与视觉冲击力

具备意义的艺术作品才能具有视觉冲击力。克莱夫·贝尔认为:"可能的答案只有一个——有意味的形式。以一种独特的方式组合起来的线条和色彩、特定的形式和形式关系激发了我们的审美情感。我把线条和颜色的这些组合和关系,以及这些在审美上打动人的形式称作'有意味的形式',它就是所有视觉艺术作品所具有的那种共性。"[①]在每件作品中,视觉冲击力指一个式样对视

---

① 克莱夫·贝尔.艺术[M].薛华,译.南京:江苏教育出版社,2005.

觉造成的冲击力,这其中也包含内容赋予图片的意义。造成视觉冲击力的式样,一般具有强大的张力。在知觉活动中,可通过偏离简单样式、加强不平衡性从而造成张力趋势。这种两面性的运动力,可以在艺术作品中表现得淋漓尽致,这也是在封面设计中常用的方法。

如 2013 年 11 月 1 日出版的 *Science* 期刊封面(图 4.6),以东方的阴阳八卦图形轮廓为基础,左右两边蓝色与绿色的背景,共用一条共生线,阴阳两极一正一负,在运动中进行交替,用以表现扫描电子显微镜下,鼠的肺泡巨噬细胞的叠加图形。细胞的图形通过简化来形成一定的视觉效果,以共生与正负的方式展现这些细胞聚集在一起,阐释着巨噬细胞不仅能够调节免疫,还能起到保护自身的作用。"将科学原理与艺术形式之美结合,利用色彩

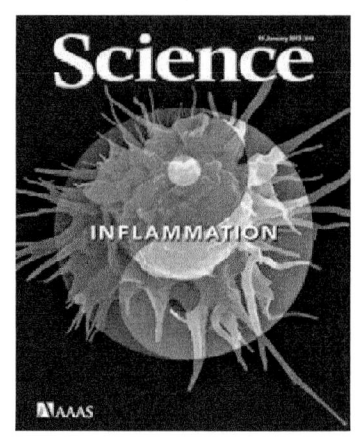

图 4.6　2013 年 11 月 1 日 *Science* 期刊封面

在时空中的变换,进行重新组合,创造出崭新的视觉形象,为受众带去视觉冲击力,且能强化造型的象征意味,增强图像的表现力。"①

一幅艺术作品,如科学期刊的封面,仅仅描述其平衡性与秩序是不够的,还要将作品的主题建立起来,且把它与作品力图表现的意义联系起来。如一座建筑物或一个活动物体看上去是否具有运动感,取决于作品表达的内容,一幅画满人物、动物、树木的作品,其运动感来源于作品表达的内容,即作品内在的意义,才能借助简化的形式,产生视觉冲击力。

如 2010 年 11 月 19 日出版的 *Science* 期刊封面照片(图 4.7),取自美国华盛顿纪念碑

图 4.7　2010 年 11 月 19 日 *Science* 期刊封面

---

① 崔之进. 世界顶级科学期刊封面装帧图像学研究[J]. 编辑之友,2016(1):84-87.

的全景照片。同时,这里也于2011年2月17日至2月21日召开了美国科技进步协会的华盛顿年会,这次年会的主题是"无边界科学",旨在提出科学与实践的相互协调。

众所周知,华盛顿纪念碑是一座石质的方尖碑。封面图片中的波托马克河波光粼粼,华盛顿纪念碑的身影倒映在河中央,并以河堤为共生线,真实的华盛顿纪念碑与纪念碑的倒影互为"正负形",加之河岸灯影绰约,绿树成荫。封面右下角设计为掀开的书页一角的形式,为封面增添了趣味性与时间感,并使封面产生"有意味的形式",旨在揭示应使用多学科交叉研究和教学解决问题,跨越传统的界线,且充分考虑研究者与学术的多样性的主题思想。

封面整体墨蓝色的色调与白色的华盛顿纪念碑形成色彩上的鲜明对比,而互为"正负形"、竖构图的"两个"纪念碑则为受众带去强有力的视觉冲击力。

能造成视觉冲击的封面式样必须具有一定的意义,之后才能对受众的心理造成震撼。同时,凭借想象力,把不可视形象变为可视形象,需对图形进行深层次的理解。如2015年7月3日出版的 Science 期刊封面为一朵玫瑰花(图4.8),如果单从每朵色相雷同的花瓣与花瓣的分割线来看,也可能是几片色泽金黄的土豆片堆放在一起。如果将画面中心部分的花蕊视作封面的正形,而其他部分视为负形的

图4.8　2015年7月3日 Science 期刊封面

话,很容易分辨出柔软且具有橘红色边线的中心为花蕊,其余负形即为花瓣。这种构图与色调的设计,能为欣赏者带去强烈的视觉冲击力。同时,结合当期 Science 的封面论文内容,就能确定该期封面通过玫瑰花瓣阐释的科学意义是:玫瑰花的特点是会散发出令人舒适的芳香,单萜类化合物是玫瑰香味中的主要成分,在某些玫瑰花品种中该类化合物的含量高达70%。研究组通过转录组学与基因组学结合的方法,揭示了玫瑰花中单萜类化合物的生物合成过程,这一过程不同于已知的其他作物,而是通过一种特殊的玫瑰花瓣细胞中细胞质的蛋

白水解酶产生的。

以单色调作为期刊的封面,尤其是科学期刊的封面,比较少见,为难度极大的设计方法。然而,此期封面的设计者却利用"鲁宾之杯"图像中的"正负形"原理,成功地将一朵玫瑰花置放在封面之中,使得封面具有强有力的视觉冲击力。

4.3 格式塔理论的启发

4.3.1 提高吸引力

随着云媒体、互联网等的兴起,人类每天面临大量的信息流量。这就要求媒体能在短短几秒内成功吸引公众的注意力,从而形成"注意力经济"。

如 2011 年 12 月 2 日出版的 *Science* 期刊封面图片取自一张数据流的照片(图 4.9),形态好似信息流一般,图片上部的数据流与下部的数据流互为正负形,以封面中下方一排英文字母为共用线,数据流在规模和复杂性上增长时须确保科学结果的可靠性。而本期封面设计者以蓝色调为基准色调,两侧好似蝴蝶双翼的数据流互为"正负形"的构图,阐释了当期亮点论文的主题:在编辑、新闻工作者、读者参与

图 4.9 2011 年 12 月 2 日 *Science* 期刊封面

的投票结果中表明,数据流在许多领域都表现出机遇和挑战。

4.3.2 突破时空感

"鲁宾之杯"采用凝练的视觉符号,寓矛盾于和谐中的构成方式,达到以少胜多的视觉效果。"科学期刊封面设计,也追求简约之美。中国传统绘画的构图强调'留白',即以少许胜多许,留下相当多的空白,给受众品味有意味的形式,产生无限想象力。在封面设计中,应以最简约的构成形式,创造与科学期刊

主题高度融合的封面图片,留出空白,让受众展开想象之翼。"①

封面图片通常是二维的,以二维的图片可以展现三维的空间感,无法展示四维的时间感。但在人的心理能力、视知觉接受能力等要素的结合下,"鲁宾之杯"图像可造就在平面的二维空间上,创造出三维甚至四维的立体空间效果,从而产生空间维度与时间维度。如2012年4月20日出版的Science期刊封面照片(图4.10)可描述如下:挪威东北部斯瓦尔巴特群岛附近的巴伦支海上,一只北极熊趴在一片漂流的冰块上。北极熊依靠冰块作为平台猎食海豹,然而海洋冰块的融化,迫使它们不得不走上陆地。相片上部大面积采用白色调的北极熊与冰雪图像,下部小面积采用墨蓝色的海水。白色与蓝色共用一小条弯曲的海岸线作为构图的共生线,倒

图 4.10　2012 年 4 月 20 日 *Science* 期刊封面

映在海水中的北极熊影子与北极熊遥相呼应。而北极熊这憨态可掬的扭头一瞥,创造出具有时间移动的四维空间效果,同时,冰块上的北极熊形象与海水中倒映的北极熊形象彼此呼应,互为"正负形",并因"正负形"中的"水中倒影北极熊",投射的是冰面上北极熊扭头一瞥的形象,使得图片产生"时间"这个第四维度,突破了传统意义上图片设计只具有三维空间的特征。封面以此传达给世界最新遗传学研究成果:北极熊进化的时间比之前想象得更长,基因上的区别也更加显著。

4.3.3　体现社会价值

为满足社会或他人物质与精神方面的需求而做出的贡献,即社会价值。设计师通过设计优秀的作品,获得社会的认可和赞扬,并通过设计作品展现自己

---

① 崔之进. 世界顶级科学期刊封面艺术学研究及对我国的启示[J]. 中国科学期刊研究,2016(2):136-141.

的设计水平,由此获得社会地位和经济价值,从而实现个人的社会价值。

应用"鲁宾之杯"图像进行封面设计的设计师,正是善于应用设计里的符号语言,达成其个人价值与社会价值的统一。因此,"鲁宾之杯"作为设计学的经典理论,源远流长。

4.4 小结

"鲁宾之杯"图像在构图形式上别具一格,将这一设计理念运用到科学期刊封面设计中,为受众带去惊讶与震撼之外,还带去一场视觉盛宴,在第一时间内抓住受众的眼球,为科学期刊形成品牌创造核心竞争力。

许多优秀的科学期刊封面图片正是凭借"鲁宾之杯"图像,应用格式塔理论,从非常规的角度制造视觉冲击力,深化所传达的内涵,进而在众多平淡的封面图像中出奇制胜。

在科学与艺术趋向合流的当代,科学期刊封面的图形呈现出多元化的发展趋势。中国的科学期刊封面在设计中,应借鉴西方先进的理论,结合中华民族的哲学辩证观点、民族智慧,创作出有意义的、本土化与国际化交相辉映的封面作品,进而推动科学期刊封面图像的发展,形成国际市场竞争力。

第五章
国际科学期刊封面图像范式

5.1 艺术符号学的可视化呈现

5.1.1 *Cell* 期刊封面中的儿童艺术符号

"当代科学传播依赖于视觉表现来说明数据,解释概念。"[①]通过单一的语言学符号传播科研成果的做法,已不能适应当下的"读图"时代。在科学期刊封面中加入艺术符号,能有效解决上述问题。Cell 期刊作为国际细胞科学领域的权威刊物,编辑部处理封面图像的科学可视化经验丰富,他们的图像可视化意识超前,应用"封面故事"机制以及儿童艺术图像的时间,早于其他同类期刊。

Cell 期刊选择儿童艺术图像作为封面图片原因有三个:① 封面"亮点论文"传播的科研成果内容与儿童息息相关;② 基于儿童心理学视阈,在科学期刊封面上刊登儿童艺术图像,是传达前沿科研领域对儿童关心的做法,能引起全社会对儿童科学教育的关注;③ 儿童艺术图像与科研论文是两种异质元素,将儿童艺术图像与科研成果结合,可以提升封面论文和期刊本身的影响力。

基于符号学理论和儿童心理学理论视阈,研究科学期刊封面上的语言学符号与儿童艺术符号的结合及效果,通过分析经典个案,研究封面儿童艺术图像的艺术价值与科学价值。

(1) 异质元素图像机制

① "封面故事"机制。

---

① 王国燕,沈佳斐. 国际期刊 *Cell* 特色封面故事的视觉表达研究[J]. 科技与出版,2017(6):59-63.

Cell 期刊编辑部每期均选取一个或多个(2~4个)属于同一研究领域的论文作为"亮点论文",并邀请"亮点论文"课题组设计封面,或由编辑部设计封面,从而帮助读者在浏览中迅速获得每期的重点内容,提高阅读效率,这就是 Cell 期刊的"封面故事"机制。"封面故事"以能"更多地展现画面细节,对所要表达的前沿科学成果有更强的解释性"①为标准。

Cell 期刊官方网站内的信息显示,Cell 期刊编辑部运用"封面故事"机制已有43年。Cell 期刊于创刊后的第二期,即1974年2月刊(图5.1)就开始在封面中放置图片,但封面文本仅限于期刊名称、发刊时间等基本信息,并未涉及期刊内容。这一情形持续至1986年1月(图5.2),Cell 期刊封面中出现了文本以解释图片。将相关内容的图片与科学论文结合的形式,是从1987年开始的,并被沿用至今。

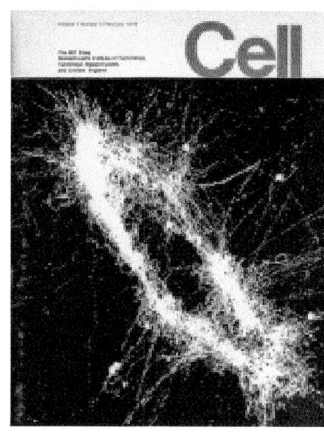 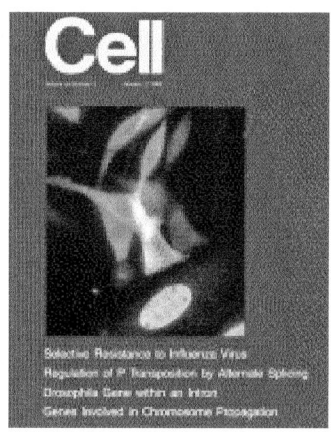

图 5.1　1974 年 2 月 Cell 期刊封面　　　图 5.2　1986 年 1 月 Cell 期刊封面

运用"封面故事"机制的目的是:将前沿科研成果以图文结合的形式传播,帮助读者理解、记忆科研成果。与纯文本形式比较,图片的加入能够带给读者更为直观的感受和视觉冲击,更容易引发读者的阅读兴趣。

② 艺术图像与科学元素。

---

① 王国燕,沈佳斐.国际期刊 Cell 特色封面故事的视觉表达研究[J].科技与出版,2017(6):59-63.

Cell 期刊封面设计实现了艺术与科学的结合,即放置能阐释封面论文成果的艺术图片,将艺术图像的审美性赋予科学传播之中,艺术和科学的特质得到充分表现,使艺术图像和科研成果都得到关注。艺术图像能借由科学传播获得非艺术领域的关注,得到更多文化系统的解读;科研成果能通过艺术图像的解释作用降低接收难度,扩大受众群体。

1990 年 2 月 9 日出版的 Cell 期刊选用非科学图像——两个花盆的摄影图片作为封面(图 5.3),封面左侧注有文字"Plant Growth Responds to Touch"(植物生长对触觉的相应)。封面所介绍的文章内容是:在水、风、触碰、伤害或黑暗等外界因素影响下,拟南芥至少可实现对四个触觉诱导(TCH)基因表达的调控。图片中的盆栽植物即拟南芥。从接受角度看,与实验图片或纯文本相比,拟南芥的摄影照片显得更加直观。

图 5.3　1990 年 2 月 9 日 Cell 期刊封面

儿童艺术图像是艺术作品中性质特殊的一类,因为涉及与儿童相关的内容,图像的色彩鲜艳、生动,内容构成简单,和严肃的科研成果结合,放置在科学期刊封面上,能形成巨大的心理反差,视觉效果突出,能强有力地激发受众对科研成果的阅读兴趣。

艺术和科学的这种结合形式也能在一定程度上引发读者对艺术元素本身的思考,促使科学期刊的受众发散思维,不仅要思考眼前的问题,更要从多个层面思考问题,思考问题的衍生问题。

(2) 儿童艺术符号

① 艺术符号审美特质。

对符号的理解也能反向,形成艺术符号的概念。"一切有意义的物质形式都是符号"[1],符号是构成意义世界的东西,也是世界在人们眼中的样子;符号是一种能动的工具,人们凭借它认识世界,世界也在它的规范下发展。因此,认为

---

[1]　杨春时.艺术符号与解释[M].北京:人民文学出版社,1989:25.

符号是客体的意义所在,而不仅仅是某一客体的含义。

符号的升级与人类意识结构的发展是同步进行的。原始符号消解,现实符号出现;原始符号的巫术意义消失,其形式被保留,并被赋予审美意义,成为艺术符号。这一升级过程意味着人类认识世界的工具,以及世界在人类眼中的面貌发生了变化。这一变化基于人类意识结构,经历了由原始到现实,再到审美的进化过程。因此,艺术符号的本质是个体审美意识的追溯,也是研究艺术符号的最终方向。

艺术符号研究的重点对象是:构成艺术符号的现实符号和艺术符号的审美意识。分解艺术符号将得到作为符号单元的现实符号,即艺术品的物质形式,"只有掌握和运用现实符号才能创造艺术符号"①,艺术不能脱离物质形式而存在。艺术符号的审美意义,来源于现实符号的意义,艺术只有融入创作者对现实的认识和现实的情感,才具备审美意义。但是,现实符号不具有审美意义,以造型艺术为例,构成造型艺术的现实符号为色彩和线条,它们本身并不具有审美意义,当被艺术家运用组合,生成艺术符号即艺术品,审美意义才生发出来。由此,对艺术符号进行研究的过程实际上是一个闭环,即分解艺术符号可得到其现实符号,现实符号意义经过特殊组织可得到艺术符号。

② 儿童符号意指功能。

"符号不仅是一个交流的过程,其本质上是一个'意指'的过程,离不开人们的意识活动。"②皮尔斯强调接受者的主体地位,苏珊·朗格强调符号意义之于符号研究的重要性,这一类观点与符号生成和构成的原理相符,有理由认为艺术符号的意义由情感和现实构成。面对科学期刊封面上的儿童艺术符号,由于其本质仍为艺术符号,读者同样应以解读艺术符号的方式对其进行解读,即"通过一种基本的审美直觉和基本的视觉思维"③去把握封面上的儿童艺术符号。Cell 期刊封面中的儿童艺术符号有两个特征:一是受众结构特殊,由科学专业知识水平较高的成年人构成;二是作品意义特殊,要为传递科研成果服务,而不

---

① 杨春时.艺术符号与解释[M].北京:人民文学出版社,1989:67.
② 余菲菲.儿童绘画中的艺术符号研究[D].北京:首都师范大学,2013:14.
③ 同②:16.

能只表现或强调作品的艺术性。

从艺术符号生发到儿童艺术符号,发生变化的是观看和解释符号的主体身份以及符号形式:主体由成人变为儿童,作品呈现需要符合儿童阅读理解水平。Cell 期刊封面又与其他儿童艺术符号的载体不同。首先,Cell 期刊的读者群主要是科学家和科学爱好者,这意味着 Cell 期刊封面上的儿童艺术图像,将被具有较高科学水平和审美能力的成年人阅读;其次,封面上的儿童艺术图像大多是专门为介绍科研成果而创作的。

5.1.2 儿童艺术符号的发展路径

基于科学期刊封面可视化原理,Cell 期刊编辑团队将儿童艺术图像放置在封面图像中,是研究儿童艺术符号与科学原理结合发展的路径。

(1) 封面可视化原理

"'可视化'(visualization),作为专业术语,首次出现在美国国家自然科学基金会(National Science Foundation)关于'科学计算可视化'(Visualization in Science Computing)的定义中,随后又发展出知识可视化等。"[1]知识可视化的理论基础——双重编码理论认为:"人有两个认知子系统,一个用于处理语言,另一个用于处理非语言对象。人类认知的特别之处在于两个系统能同时处理语言和非语言对象。"[2]知识可视化把知识文本图像化,就是将语言处理系统的工作转换为非语言处理系统的工作,可视化后的知识更能为受众所理解和记忆,降低了人们接收知识的成本。科学期刊封面可视化即为知识可视化的一种形式,能帮助科学期刊应对视觉文化的冲击。在视觉文化的冲击下,负责传播文本信息的媒介开始注重传播途径的视觉传达功能,图片作为传播介质中最为基本和有效的一种,成为人们文化娱乐生活中的重要认知对象。

就 Cell 期刊的生存和发展考虑,封面可视化是迎合视觉文化的一项重要举措。首先,封面是科学期刊对外展示内容和形象的首要平台,专业读者会通过

---

[1] 王国燕,姚雨婷.顶级科学期刊封面可视化及典型案例研究[J].出版科学,2015(2):46-50.
[2] 袁竞雄,崔之进.国际科学期刊封面图文关系"陌生化"研究——以"中国元素"为介[J].艺术科技,2018(8):200-202.

期刊封面来了解期刊内容，非专业读者则会通过封面感知期刊形象，而对于所有读者而言，封面都能帮助他们对期刊形象进行定位，将 Cell 期刊和其他期刊区别开来。由此，知识可视化工作应从封面开始；其次，科学期刊内容不同于其他读物，其专业性和指向性较强，在"快餐式"阅读时代，如若没有封面可视化等应对办法，科学期刊的受众范围难以扩张，这势必会抑制前沿科学的传播，封面可视化则能改善这一问题。

（2）改善儿童艺术图像低智化现状

"当下视觉文化为主流的信息社会，所谓的'艺术符号'也面临着一种泛化及低智化的窘境"[①]，这意味着艺术符号正陷于审美意义消解、符号意义缺乏深度的状况。

儿童艺术作品面向儿童，需匹配儿童的审美和理解水平，可若其形式缺乏艺术性，内容意义太过浅显，将对提升儿童阅读理解水平和培养儿童欣赏美和创造美的能力无益。目前，国内儿童接触的儿童艺术作品多为动画片和绘本形式，形式较为固定，为迎合儿童兴趣、匹配儿童的理解水平，这些作品的艺术性、作品内容的广度和深度相应会受到限制。由此，儿童艺术作品成为迎合之作，不能起到开阔儿童的眼界、提升儿童的审美能力的作用，而为成人设计的儿童艺术作品更是寥寥无几。上述现象表明，国内儿童艺术作品的作者和出版方对儿童艺术作品的认识存在以下问题：一是错误估计作品受众范围，将受众范围限定为儿童群体，无法对儿童群体外的人群造成影响；二是对作品的教化意义没有清晰的认识。基于这些认识偏差，国内儿童艺术作品显现低智化问题。科学期刊封面这一载体则要求儿童艺术作品的内容、形式和意义都做出改变，Cell 期刊选择儿童艺术作品作为封面图片，可视作是对儿童艺术作品低智化问题的一种回应。

5.1.3　儿童艺术符号的图像表现

研究封面儿童艺术符号的图像表现，首先要确定封面中是否蕴含儿童艺

---

① 余菲菲.儿童绘画中的艺术符号研究[D].北京：首都师范大学，2013.

符号,而封面图片是否表现了儿童审美特征是重要的确定依据。

根据对儿童艺术符号创生过程中不同阶段特征的研究显示,伴随儿童的视觉思维水平的提升,儿童艺术创作会经历以下阶段:第一阶段,象征性符号频繁出现在他们的创作中;第二阶段,"画所知"而非"画所见",儿童在绘画创作中融入自己的经验认识,在欣赏绘画作品的过程中,会着重关注自己熟悉的意象;第三阶段,儿童能结合表象思维和抽象逻辑思维,创造秩序化和互有关联的意象世界。由此认为,科学期刊封面上的儿童艺术符号应为象征性符号,含有与儿童有关、符合儿童审美的意象,且意象组合遵循一定规律,存在关联,具备现实性和超现实性统一的特点。

(1) 揭示科研成果的现实美

科研成果的现实美来自其现实性,由科研过程中不同阶段显示出的现实性构成,即科研所要解决的问题的现实性、科研过程中涉及的物质和器具的现实性以及科研成果的功用的现实性。在科学期刊中,有的文章介绍的是已是完成形态的科研成果,而有的文章仅对某一问题提出设想,无论是何种形态的科研成果,必会通过科学家的坚持和努力,最终投入实践,为人类所在环境做出改变。从这一角度来看,科研成果的美是一种宏大的、现实的美,经过儿童艺术符号的重新诠释,科研成果的理性色彩得到一定程度的弱化,科学内在的、隐性的美得到揭示。

2016 年 2 月 8 日出版的 *Cancer Cell* 期刊封面图片(图 5.4)就彰显了儿童艺术作品现实性和超现实性统一的审美特征。封面论文来自弗吉尼亚联邦大学的 Jungoh Ham 课题组,论文的创新点在于课题组为治愈小儿神经母细胞瘤这一病症发掘了一个有效而特异的靶向治疗组合。Jungoh Ham 课题组发现,MYCN 的扩增与常致死性小儿神经母细胞瘤的发病率有关,扩增的 MYCN 落于基因组内的 NOXA (MCL-1 抑制剂的启动区),加上这些肿瘤细胞

图 5.4　2016 年 2 月 8 日 *Cancer Cell* 期刊封面

中低等级的基础BCL-xL,通过靶向治疗就能实现治愈。封面图片描绘了一个小女孩玩"跳房子"游戏的画面,女孩身披写有"MYCN"字母的红色斗篷,象征MYCN,她的一只脚落在写有"NOXA"的格子上,指涉文中关于MYCN着陆于NOXA的发现,女孩手中拿着三只气球,上面分别标有"BCL-xL""BCL-2"和"MCL-1",代表研究过程所涉及的三个重点物质。

2013年7月8日出版的 Cancer Cell 期刊的封面图片(图5.5)同样描绘了一个儿童日常生活场景,画面中,一个小女孩手持捕蝶网在苹果树下追赶蝴蝶,再仔细观看图片,则会注意到树下有一条毛毛虫,树上的苹果患有虫害,树上还悬挂了一些虫茧。此外,文本的置入使这幅看似简单、日常的画面变得深刻。据官网介绍,封面图片描述了一种基于黑色素瘤显型转换的两步治疗方法,对应这一期中多篇同一研究方向内的论文。

图5.5　2013年7月8日 Cancer Cell 期刊封面

图片中,以幼虫结茧化蝶的过程象征治疗方法的实现过程,第一步增殖细胞凭MTX分化为树突状黑色素瘤细胞的过程被设计为幼虫化茧成蝶的过程,通过上调MITF,MTX耗竭了推动转移形成的侵袭性黑色素瘤细胞池,并诱导分化细胞进行治疗,转移作用在此以患虫害的苹果作为象征。治疗的效果严格基于黑色素细胞特定基因对超抗原的加工,从而能避免常规治疗的一个主要缺点,即会对其他类型细胞的损伤,图中的女孩代表特定基因,捕蝶网代表超抗原。

"现实符号是现实世界的结构,是把握现实世界的工具。艺术符号是超现实的世界的结构,是达到超越的手段。"①科研成果本依托文本传播,应被纳入现实符号体系,在 Cell 期刊封面上,将科研成果依托于艺术符号进行传递,虽违背了人们的固有认知,但这一做法也促使读者借助艺术作品去了解科研成果,鼓

---

① 杨春时.艺术符号与解释[M].北京:人民文学出版社,1989:65.

励读者使用艺术符号把握现实世界。在以上两个封面案例中，科研过程被"简化"为儿童日常活动场景，唤起读者对童年的回忆，与读者达到情感共鸣，同时激起读者对图片蕴含的科研成果的兴趣，这主要依靠简化科研成果的呈现形式和加入现实意象而实现，现实性与超现实性在封面儿童艺术符号的接受中同样缺一不可。

两幅封面图片传递的均是医学方面的研究成果，是针对治疗顽固病症提出的创新方法，是推动医学发展和造福人类的重要发现，它们被表现为富有童趣、稚拙纯朴的意象组合，可以将之解读为 Cell 期刊想通过这一类图片传递一种人文关怀，艺术符号的超现实性在此表现为人们的一种美好愿景，旨在消解现实问题的残酷性，并带给读者看待科研成果的另一视角。儿童艺术符号稚拙的美感和内蕴的纯粹精神、科学融入艺术后而外显的现实美在此得到体现。

2019年3月15日出版的 Science 期刊封面和2016年2月25日出版的 "Nature" 期刊封面则以其他艺术处理手法诠释了科学的现实美。

图 5.6　2019 年 3 月 15 日 Science 期刊封面

图 5.7　2016 年 2 月 25 日 Nature 期刊封面

2019年3月15日出版的 Science 期刊封面刊登了一张摄影作品（图 5.6），通过摄影的再现性放大科研的现实性，又以其审美性将科研的价值提升至人文层面。照片中，一个女童抱着一只兔子毛绒玩具坐在窗台上，面向窗外，背对着欣赏封面的读者们。从封面照片右侧的文字"PEDIATRIC CANER"，可知这张图片关联的内容主题为儿童癌症,据相关文字介绍,照片中的女童正是一位年幼的癌症患者。这期封面对应的内容是一篇报道性文章,题为"It takes village",原为非洲谚语。论文指出,对于高收入国家的许多癌症儿童来说,未来依然是光明的。由于治疗水平在不断提升,如今高收入国家儿童癌症的平均治愈率已超过80%,但从全球统计数据来看,在低收入和中等收入国家,儿童癌症的平均治愈率还不到30%,这意味在改善所有癌症儿童的健康方面我们道阻且长。关键问题在于为什么大多数儿童癌症患者尚未得益于新的"靶向治疗",对此论文的观点是:首先,儿童癌症的遗传学和生物学特征与成人癌症不同,评估成人癌症患者新疗法的临床试验设计和进度并不适合儿童癌症患者。其次,由于许多儿童癌症亚型很罕见,没有引起制药公司的注意。尽管儿童癌症领域面临的挑战是多种多样的,但提出的解决方案有一个共同的主题,即需要协作——无论是通过共享数据、专业知识还是资源合作研究产生副作用较少的新疗法,这暗合了题目"It takes village"作为谚语的含义——每一个新生婴儿的抚养责任都要由一整个村庄的人来承担。

这张摄影作品本身的艺术特色在于以有限的篇幅引导观看者进行无限的想象,观看者会自然而然地将照片中女童的姿态理解为:她的注意力正集中于窗外某处,或者她正在一边看向窗外一边遐想。无论是哪一种解释都会使观看者想要追问:她在看什么?她在想什么?被诊断为癌症意味着生命会过早结束,成人尚且无法接受,对于还没有完全体验人生和世界的美好的孩童来说,罹患癌症不仅不公平,而且是悲惨的。照片中的女童代表着许多罹患重症的儿童,他们希望获得救治,希望痊愈,重新回到正常人的生活,而不是只能待在房间里,透过窗户去看外面的世界。

2016年2月25日出版的 *Nature* 期刊的封面图片(图5.7)是大人和小孩玩抛球游戏的剪影画面,仔细看会发现,他们抛掷的"球"是一颗星球。图片下方的"FUTURE GENERATION"(未来的一代)和"What kind of world will we pass on?"(我们要传递怎样的世界?)帮助读者进一步理解画面的含义:这一期 *Science* 集结的文章聚焦于科学界对未来世界的关注和贡献。技术专家告诉我们,未来的世界将与今天截然不同,甚至人也可能不同。而关于对未来世界的预测和问题防治,科学界的态度不一,不同的研究领域对未来世界将会发展到何种程度、发展成何种样貌提供了不同层面和角度的分析。

这一期封面对儿童相关符号的应用更为深入,表现在封面图片所传达的人文思考到达了更深的层面,不再只是对个别群体的关怀,而将当前的科研成果与未来世界的建设联系起来。儿童是未来世界的建设者,在图片中,大人与小孩站在静谧的星空下,脚下的弧线象征着地球表面。图片的创作者将他们抛掷的玩具球设计为星球,意为儿童将来要参与建设的未来世界是广袤无际的,他们将面临来自地球外的问题,这是图片创作者和科学家们对未来世界的畅想。科学纵然是理性的太阳所散发的光辉,但不可否认,科研的起点有时可能只是科学家仰望星空时的灵光乍现,这也是科学的感性之处。从这一角度来看,科学家也有浪漫情怀,而这和儿童的天真烂漫存在共通点,画面中成人将球向儿童抛掷过去,这意味着稚气的孩童总会成长大人,继承前辈积累的、经过艰苦探索得来的知识和道理,将世界建设得更为美好。

(2)科研成果的超现实审美

科研成果的超现实美由科研成果和与其结合的艺术符号的超现实性和审美意义联合形成。科学期刊封面儿童艺术作品大量借助了象征性符号,放大了艺术符号的超现实性,着重强调超现实之美,更要求削弱艺术符号自身审美层面与现实层面的联系,而以其载体和与其同时出现的文本提醒读者,艺术符号的现实意义始终存在。

2016年2月11日出版的 *Cell* 期刊封面(图5.8)介绍了来自Scognamiglio课题组的研究成果。该课题组发现,核糖是调节干细胞功能的关键因素,在不影响多能性的前提下,其控制着幼体胚胎干细胞和近亲胚胎进入和退出细胞休眠状态。封面中,有位一头鲜红色头发的女孩怀抱鲜花,眼帘低垂。*Cell* 官网相关资料显示,鲜花在此作为生命的象征,整幅画面则代表核糖释放细胞过程中的

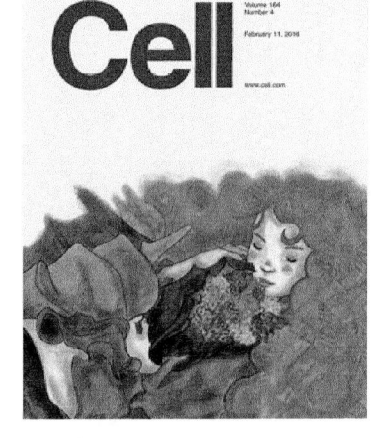

图 5.8　2016 年 2 月 11 日 *Cell* 期刊封面

休眠状态。

2014年11月6日出版的 Cell 期刊的封面图片(图5.9)也是一幅象征性艺术作品,但在此作品中,现实符号及现实意义与艺术符号及审美意义之间的关系得到更明显的表现。封面图片描绘了一个马戏团演员在舞台上表演杂耍的场景,以介绍美国密歇根大学 Shawn Xu 课题组的论文。文章研究线虫 C. elegance 中的一个单个中间神经元如何能够指定多个行为,发现神经元通过集结两种不同的电路来调控移动速度和方向切换。以

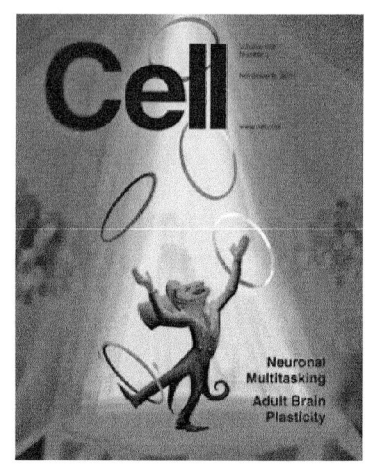

图5.9　2014年11月6日 Cell 期刊封面

Shawn Xu 课题组的论文为首,这一期的原始创新型论文题目中多次出现"人类大脑"(Human Brain)、"遗传学"(Genetics)、"基因"(Gene)、"神经元"(Neurons)等术语,联系封面文本"神经元的多重任务处理功能"(Neuronal Multitasking)和"成人大脑可塑性"(Adult Brain Plasticity)的意义,可明白封面图片所联系的是在神经元研究与人脑研究方向下的一系列论文成果。图片中的马戏团演员不断向上抛掷圆环再接住圆环,这一连串动作考验着演员的动作协调能力,大脑中神经元的多重任务处理功能帮助其实现此能力。

上述两个封面案例均体现 Cell 期刊的封面风格,即文本被置于符号之外,艺术符号与科研成果的联系被隐匿。这种封面风格的形成是基于艺术符号的特殊解释方法——艺术解释,这一方法以解释学为基本解释方法,以把握对象的特殊意义为解释目的,由审美直觉、理性反思和艺术分析三个环节组成。解读科学期刊封面上的儿童艺术符号主要是应用"艺术分析",这一环节以"运用科学方法找出审美意义发生的根据,它与现实意义之间的因果关系"[①]为内容。相较于其他艺术符号,科学期刊封面儿童艺术符号的超现实性审美意义与现实意义的依存关系明显,"艺术分析"能帮助我们从艺术符号的审美层面返回现实

---

① 杨春时.艺术符号与解释[M].北京:人民文学出版社,1989:239.

层面,从而把握艺术符号的整体意义。由此看来,呈现和传递科研成果的超现实美并不影响读者接受科研成果。相反,艺术符号的加入能使读者转而通过艺术解释认知科研成果,接受科研成果依旧为这一过程的最终导向,而且在此过程中,读者还能收获审美体验。

(3) 科研成果的通俗审美

儿童艺术符号可赋予科研成果通俗美,这是由于在科学期刊的封面上,儿童艺术符号需将科研成果的呈现形式调整至可为儿童所理解的水平,大量运用象征性符号,设计生动、日常化的场景和情节以表现研究过程中的关键点,形成能够让人产生兴趣、富有一定戏剧性的故事,这一做法丰富了科研成果的表现形式,提升了科研成果的可读性,使受众对科研成果产生兴趣。

封面图片最基本的功能是传播科研成果,起到传递科学领域最新动态、普及科学知识的作用,因此科学性是科学期刊封面传播的主要特点。科学性要求封面表述务实,而封面论文含有大量专业术语,与通俗化形式之间存在矛盾,因此需要平衡好二者的关系,才能更好地发挥通俗化科研成果的效用。

2012 年 8 月 31 日出版的 *Cell* 期刊封面(图 5.10)即采用故事化科研成果的策略,表现了一个常见场景——猫和两只老鼠在鼠洞口对峙,借此介绍哥伦比亚大学 Xiaoping Liu 课题组关于防治创伤后应激障碍(PTSD)这一病症的科研成果。课题组的研究表明,漏 RyR2 钙释放通道与海马神经元内质网,是导致 PTSD 的典型表现——应激性认知功能障碍的关键,由此发现,可通过小分子治疗或通过 RyR2 上 PKA 位点基因消融阻止钙漏,从而防治应激认知功能障碍。图片中,面向猫的

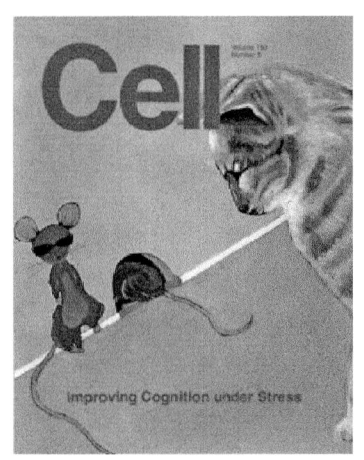

图 5.10 2012 年 8 月 31 日 *Cell* 期刊封面

老鼠坦然自若,而另一只老鼠则背对猫逃入洞中,鼠洞象征 RyR2 通道上的漏洞,两只老鼠面对猫的不同状态则象征了漏 RyR2 通道和非漏 RyR2 通道面对压力时的不同表现。

2016年9月22日出版的 Cell 期刊封面图片(图5.11)风格向美式复古漫画致敬,呈现了一个漫画英雄作战的场景。图片介绍了美国马萨诸塞州总医院再生医学中心 David B. Sykes 课题组的研究成果——抑制二氢山梨酸脱氢酶以克服急性髓系白血病中的分化阻滞。Sykes 课题组发现,血细胞被阻滞在不成熟的和自我更新的发展阶段是导致癌症的一个原因,若抑制一种参与嘧啶生物合成的代谢酶——二氢山梨酸脱氢酶(DHODH),可解除这种分化障碍,并为治疗 AML 提供了一

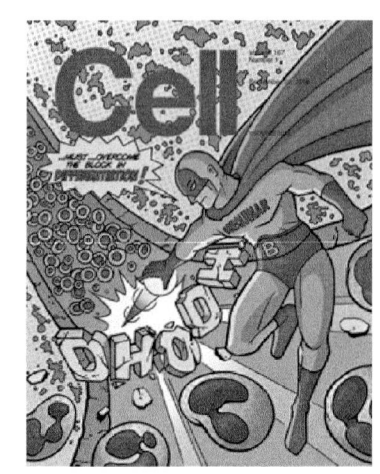

图 5.11　2016 年 9 月 22 日 *Cell* 期刊封面

个有巨大希望的途径。图片中,"英雄"服装上印有"Brequinar"(一种 DHODH 抑制剂)字样,代表其是 Brequinar 的化身,在激烈的战斗场景中,他中和 DHODH,将成熟细胞从充满未分化白血病细胞的骨髓中解放出来,图片左上角的文字"……必须……克服分化中的阻碍!"似是他的作战宣言实则是帮助解释了这幅画面。

Cell 期刊等顶级科学期刊的高度专业性使缺乏专业知识的受众望而却步,以纯文本形式和科学图片的组合介绍科研成果的封面形式也给受众以距离感,通俗化科研成果即能解决这一问题。在上述两个案例中,首先绘画形式的封面图片能与科学类图片形成明显区别,吸引受众;其次,画面所描绘的场景具有叙事性,能促使受众由直觉把握到理性思考再到对封面整体进行分析,从而成功将科研成果推广至更广阔的人群中去。第二个案例中,专业术语与场景搭配巧妙,既是充当漫画的解说文本,又是科研成果的"介绍语",不致使受众疑惑于图片与科研成果的关系。

5.1.4　启示

"视觉是人类信息获取的主要通道,80%以上的感知和至少50%大脑皮层的接受是与视觉有关的。视觉图像在人文科学、公共文化等领域已是常

态。"[①]据调查,包括 Cell 期刊在内的国际三大科学期刊"CNS"(Nature, Science, Cell)的"封面故事"被引次数均高于普通文章,可见,经过可视化处理的科研成果兼具科学性与艺术美,更能获得关注度。基于成熟的科学视觉化表达手段和丰富的封面可视化经验,Cell 期刊封面应用儿童艺术符号传递前沿科研成果,在提升封面论文影响力的同时,也拓展了自身在视觉化科研成果方面的能力,儿童艺术符号更以其本身的特性产生了独特的视觉效果和实际意义,引发对科研成果传播形式的思考,为提升国内科学期刊封面可视化水平带来启示。

(1) 增强科研成果可读性

可读性不强是当下科研成果传播面临的一个重要问题,科研成果的可读性是从接受角度提出的,科研成果是否具有可读性在于其是否能唤起读者深入了解的兴趣。

Cell 期刊封面介绍的科研成果一定是优秀的前沿成果,内容的专业度和前瞻性毋庸置疑,但科研成果影响力的提升、传播范围的扩大不能仅凭借内容的效力,形式的作用同样重要。马斯洛需求理论认为,"受众的兴趣来自于受众的需要,而受众的需要来自于受众的相关信息的匮乏感"[②],在接受科研成果的过程中,读者的匮乏感源于纯语言符号单调、乏味的观感,以国内农业综合类核心期刊《中国农业科学》为例,该刊封面(图 5.12)一贯使用一种单调版式,色彩单一且无图片,期刊内容无从展现,更无艺术性可言。再以国内资源科学领域的核心期刊《资源科学》为例,同样,其封面(图 5.13)一直采用相同的版式,相较于《农业科学》,封面虽也增添了图片和介绍当期重点内容的文本,但由于图片占据面积少,且未经过艺术处理,无法产生视觉冲击力。另外,图像和文本界限分明,科学和艺术结合不善。由此可见,目前国内科学期刊封面可视化水平较低,相关从业者应将目光方向 Cell 期刊等科研成果可视化水平较高的国际科学期刊,学习他们的具体做法,并投入实践,以提升读者对科研成果的阅读兴趣,从

[①] 王国燕,汤书昆.论科学成果的视觉表达——以 Nature, Science, Cell 为例[J].科学学研究,2013,10:1472-1476.

[②] 同①。

而提升科研成果的影响力,这对赋予期刊视觉美和艺术美、确立期刊特色也是一种促进手段。

2018年第51卷第12期　　2018年第51卷第11期　　2018年第51卷第10期　　2018年第51卷第9期

图 5.12　《中国农业科学》2018 年第 9 期至第 12 期
(图片来源:《中国农业科学》期刊官方网站)

2018年第40卷第1期　　2018年第40卷第2期　　2018年第40卷第3期　　2018年第40卷第4期

图 5.13　《资源科学》2018 年第 1 期至第 4 期
(图片来源:《资源科学》期刊官方网站)

(2)丰富科研成果的视觉呈现形式

研究儿童艺术作品在 Cell 期刊封面上的具体表现发现,儿童艺术作品与科研成果的结合效果良好,说明丰富科研成果视觉呈现形式、选用差异性明显的异质元素有助于期刊达成实施封面可视化的目的,即扩大科研成果的接受面,树立期刊的视觉形象。同时,对异质元素而言,这是一个推广平台,如与科研成果能得到良好结合,说明异质元素本身极具开放性和活性,能吸引与其他异质元素结合的机会,从而实现自身的发展。

对儿童艺术作品而言,科学期刊封面是一个"特殊的"载体,登上科学期刊封面将为其收获一批"特殊的"读者。在读者群体素质和作品被赋予的现实性作用的要求下,儿童艺术作品势必要做出相应的改变,使其含义得到丰富,形式得到改变,以帮助改变儿童艺术作品自身现状——低智化问题。

艺术符号具有高度自由性,封面儿童艺术符号即为艺术符号自由性的一种表现和延伸,它只有克服现实符号的限制,如交流障碍、观念差异、文化差异、现实利害,才能突破受众限制,克服文化差异,实现艺术符号的作用。

(3)调整期刊定位

顶级科学期刊是公认的行业权威,是前沿科研成果的传播者,这一定位也相应地使期刊与公众产生距离感,公众在科研成果传播的过程中"落于下风"。在固有印象中,顶级科学期刊在较小范围内传播科学,期刊自身的主动性和能动性并未得到有效发挥。

目前,国内科学期刊封面可视化和科学可视化水平落后,这反映出办刊团队的一个问题,即受限于已有定位,仅以介绍和再现科研成果为目标,毫无宣传意识,封面重复,可视化水平低下,最终难以引起读者兴趣,科研成果得不到有力输出,也不利于国内科学可视化环境的形成和相关工作者的培养。"当前我国传媒业正在发生重大转型,相当多的媒体在走向市场化。越来越多的媒体倾向于完全以受众兴趣为主导的生存和发展。"[①]在此环境下,因内容特性而受众面狭窄的科学期刊应加快转变形象,考虑受众审美需求,强化视觉表达能力,从而适应环境,谋得发展。

5.1.5 总结

研究 *Cell* 期刊封面儿童艺术符号,是基于符号学理论和儿童心理学理论研究儿童艺术作品与科研成果的结合方式和效果,以启发国内科学期刊积极面对科研成果传播困境。

我国科学期刊封面图像囿于既有科研成果传播范式,缺乏封面可视化意识,获得的关注十分有限,科研成果不能得到广泛传播。在信息井喷、图像文化当道的时代,期刊需借助异质化明显的元素传播科研成果,如此才能吸引读者眼球。将儿童艺术符号置入期刊封面是对期刊封面图像方面的一个具体探索,

---

① 汪彤.科技新闻的可读性研究[D].武汉:华中科技大学,2012.

Cell 期刊封面多次应用儿童艺术作品,说明儿童艺术作品与科研成果得到了妥善结合,达到了期刊推广科研成果的目的。封面带有儿童艺术作品的顶级科学期刊不期然在科学专业领域甚至更广范围内帮助宣传了儿童艺术作品,说明了其具有一定的开放性和跨界合作可能性,增添了儿童艺术作品的价值,帮助促进其自身发展。

国内科学期刊封面既缺少对艺术元素的运用,更缺乏借助差异化明显的元素传播科研成果的意识,故倡导国内科学期刊编辑团队和相关从业者向 *Cell* 期刊封面予以学习和借鉴,将封面打造为期刊的视觉形象输出平台,有力地输出中国科研成果。

5.2 艺术人类学的可视化呈现

5.2.1 "CNS"期刊封面图像中的远古艺术符号

由于实物资料极度稀缺,"田野调查"[①]困难,且"转译"工作复杂,学术界至今无法对原始时期的人类历史与艺术做出定论,"艺术何以发源"这一难题,在很久之前就开始被学术研究者们戏称为"斯芬克斯之谜"[②]。从古至今无数人类学家都为揭开此谜底而呕心沥血,给学界提供了启发和多重视角。例如,最客观、全面的马克思主义辩证法中的"多元决定论",法国著名人类学研究者阿尔都塞率先表明人类社会的前进受到多种因素协同影响,并把"社会多元决定论"应用到艺术人类学研究中。艺术的产生和发展,历经由实用转向审美、由原始走向现代的久远过程;艺术以"劳动"为前提,以"巫术"为中介,也不可缺少"游戏"本能、"模仿"需要、"表现"冲动等要素的推动。艺术起源于原始人类的实践活动,例如劳动和巫术,但远不止于此。

[①] 田野调查(Field Research):被公认为是人类学学科的基本方法论,也是最早的人类学方法论,来自于文化人类学、考古学的基本研究方法论,即"直接观察法"的实践与应用,也是研究工作开展之前,为了取得第一手原始资料的前置步骤。

[②] 斯芬克斯之谜(Riddle of Sphinx)是出自《俄狄浦斯王》,即一种动物早晨四条腿,中午两条腿,晚上三条腿走路,腿最多时最无能,后来被比喻作谜一样的人和谜语。

艺术本身是一种综合现象,因此,研究艺术起源必须采用多学科交叉的方法。艺术人类学的符号元素在科学期刊封面图像中出现,表明现如今科学元素已在世界顶级期刊中与艺术人类学擦出思辨的火花。民族学、宗教学、文化学、心理学、生物学、哲学、史学、社会学等都属于艺术人类学的范畴,对受众起到综合教化与审美启发的作用。科学期刊作为科学传播最重要的媒介之一,其封面是极具视觉效应的文化载体。研究科学期刊封面的取材及应用,并不断加以改进,能够促进科学技术与人文艺术的融合,对科学期刊的传播也具有重要的作用。格罗塞(Ernst Grosse)是德国著名艺术人类学家,他在《艺术的起源》中阐明,在与广义艺术相关的探究和著作中分离出的两条不同的研究方向,可称为"艺术史的"和"艺术哲学的"。将艺术史与艺术哲学融合,便得到现如今的艺术科学。[①] 艺术哲学是对艺术的条件、目的、性质的一般研究,以满足人类的求知深度。艺术史与艺术哲学相辅相成,正如康德所阐释的"知觉与概念"的关系——没有理论的事实是模糊的,没有事实的理论是空洞的。因此,在二者结合的视阈中,利用当今以科学方式得到的考古资料,再辅以多元决定论、劳动论、巫术论、模仿论、表现论以及游戏论,对于理解艺术发源、维护艺术载体以及促进科学与艺术的相互融合起到关键作用。

5.2.2 原始洞穴壁画的"象征性行为"

(1) 原始艺术的发源种群与价值差异

一个多世纪以来的各类证据似乎表明,象征性文物在原始社会中出现得相对较晚,大约在4万年前的欧洲才突然出现洞穴绘画、雕刻塑像、装饰性骨制工具、骨制与牙制珠宝以及象牙和贝壳等。但是,过去20年的研究已经严重动摇了这种范式经验基础。随着当代科技的突飞猛进,在艺术人类学的田野调查中,与艺术相关的原始时期的象征性活动可被越来越精准地溯源。然而,关于原始艺术的发源种群以及原始艺术的价值定性,"斯芬克斯之谜"的争辩依然在

---

① 格罗塞.艺术的起源[M].蔡慕辉,译.北京:商务印书馆,2015:1-6.

持续,且无法终结。2018 年 2 月 23 日出版的 Science 期刊封面图像(图 5.14)来源于西班牙东南沿海地区艾维纳斯(Aviones)洞穴中的原始绘画,这是洞穴侧面岩壁上(图 5.15)保留较为完好且形式较为完整的一个局部,由阶梯分隔状图案及人类或动物图案构成,是一种粗犷的单色勾线型象征性符号。德国马克斯普朗克进化人类学研究所人类进化部的霍夫曼(D. L. Hoffmann)、英国南安普顿大学考古学系的斯坦迪什(C. D. Standish)教授以及多位来自不同国家的优秀学术人员,采用铀钍测年法[①]

图 5.14　2018 年 2 月 23 日 Science 期刊封面

对画作外层的碳酸盐结壳进行研究,推测这幅由垂直和水平红线组成的阶梯状图像至少有6.4万年的历史(图 5.16),揭示出伊比利亚洞穴艺术中以尼安德特

图 5.15　西班牙艾维纳斯洞穴侧面岩壁

---

① 铀钍测年法:铀系测年法是由地质学家开发出来的,最初是用于确定山洞中石钟乳和石笋等岩层的年代。水从山洞渗出时,会携带浓度极低的遭溶解的放射性物质铀和矿物质碳酸钙。随着时间推移,少量碳酸钙溶解,在壁画上面形成硬硬的一层,这一层也可捕捉到铀。因其放射性这一特性,铀渐渐衰减,变成另一种元素——钍。通过对铀和洞穴艺术作品最上面薄薄一层的钍的比率进行比较,研究人员就可以计算出壁画的年代。

人为主角的历史起源。至此,西班牙已发现三幅起源于尼安德特人的洞穴壁画,关于"尼安德特人是否为原始艺术真正的发源种群",以及"尼安德特人洞穴艺术是否存在真正的文化价值"等问题,在相关的学术领域出现了百家争鸣的场景。

考古人员曾在距今7万至8万年前的南非旧石器时代遗址中发现赭色多孔贝壳以及蚀刻抽象图案,这被广泛认为是"象征性行为"的考古学典例。象征性行为的出现被理解为解剖学意义上现代人类物种形成的一部分原因,这些物质符号代表着"现代

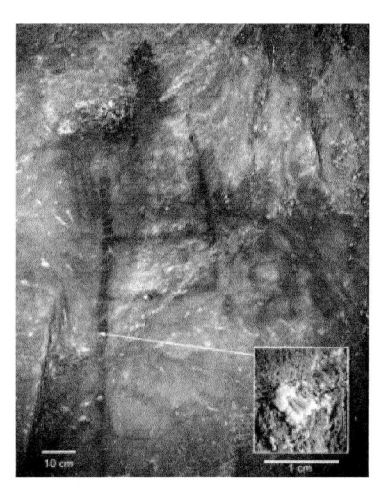

图 5.16 对洞穴壁画上的碳酸盐外壳进行取样分析

行为"。而最新研究表明,与尼安德特人相关的欧洲旧石器时代遗址中也存在赭色多孔贝壳,甚至还有红黄两色的着色剂,以及残留着多种色素的贝壳容器。专家对洞穴矿床盖层的流石进行年代测算,判定尼安德特人对贝壳和矿物颜料的象征性使用距今有11.5万至12万年的历史,比已知最早的与现代人类相关的可比证据早2万至4万年。鉴于该发现,我们有可能在尼安德特人和现代人类的共同祖先中发现象征性物质文化的根源。象征性行为的出现代表着物种进化的特性,在信息领域中具有功能价值的人工制品是语言存在的体现,也是人类认知的基本体现。尼安德特人在解剖学上属于古老的欧亚人口,因此其行为也曾被认为是古老的。该族群被认为可能没有象征意义,甚而没有语言。但事实上,象征性行为是人口增长引发的社会关系复杂化的结果,依赖于个体和群体观念的形成,出现在整个旧大陆,与人类的分类界限无关。尼安德特人曾被视为野蛮的穴居人,如今却因其在原始时期的领先技术和象征性行为而声名鹊起。Science 期刊的著名新闻编辑蒂姆·阿彭泽勒(Tim Appenzeller)称,欧洲最早的艺术家就是尼安德特人,他们从事过史前文明中最伟大的活动之一:在黑暗的洞穴中为象征性表达创造绘画工具。但是,由于洞穴艺术的断代问题直到最近才能够直接追溯,人们很难挑战艺

术家是现代人(晚期智人①)的既定假设。关于"尼安德特人的艺术创造能否等同于现代人"的问题,当代学者已经展开争论。西班牙巴塞罗那大学和葡萄牙里斯博亚大学的 J. 子豪(J. Zilhao)教授坚称,尼安德特人的艺术成就完全可以与现代人比肩,若非如此,则意味着双重标准。荷兰莱顿大学和德国莱比锡大学的让·雅克·胡布林(Jean Jacques Hublin)教授提出异议,他承认尼安德特人在许多领域与现代人有着相同的潜力,但是现代人抵达欧洲后不久就彻底取代了尼安德特人,两者在认知和文化上的差异不容忽视,即使是最新的重磅研究成果也无法抹去这诸多差异的存在。艺术人类学家格罗塞指出,关于艺术起源的争辩永远无法终结,艺术科学的努力方向是探寻真理,但这在现实中很难真正企及。任何科学都无法把自身领域中所有现象全部准确定义,任何艺术人类学研究者都无法把原始艺术中所有问题进行精准说明,因此也就无法构建真正全面的理论框架。在由科学领航的现代社会中,我们认为所有事情都存在其自身固有的规律。但是,利用科学仅仅可以表明众多事物中产生的现象之间的某些内在联系,那些看似或于理想中规律地变动着的因素,在任何特定的情境里都远超人类所能感知、测算、猜想的范围。比较前辈艺术哲学家狂热的主观思辨,艺术科学已尽力为我们显示出限于文化的某种形式与艺术的某种形式之间所存在的规律且固定的关系。科学的说明并不是旧哲学中形而上学的启示,它仅可以在众多事情经验的表层徘徊,而不可以妄想到达事物的最深处。因而加入利用艺术哲学里面的"形式与关系的内在关系",或用艺术历史中"起源与发展的驱动要素"来对抗艺术科学,此时艺术科学不仅无法获得答案,还无法认清这些难题。

(2) 原始艺术的发源动力和"非审美"特质

在针对"艺术起源"的争论中,巫术论是西方学术界影响最为深远的理论。唯心主义自身的不足导致巫术论不能揭示藏匿在思想动机背后的根本动因,也就是人们的物质资料生产活动。不过,巫术论关于远古艺术的一些起源驱动

---

① 晚期智人:又称新人(Neoanthropus Homo sapiens sapiens),一类生活在 5 万年前至 1 万年前的古人类(1 万年以来的人类称为现代人,但也属于晚期智人的一种)。从目前的考古成果来看,人科的共同祖先约 700 万年前至 500 万年前起源于非洲,学术界对此并无太大争论。

力、原始艺术的基本表现形式,以及原始艺术在原始社会背景下的"非审美"性质,都提供了丰富的例证和深入的研究,对我们理解原始艺术具有启发作用。欧洲旧石器时代晚期的洞穴绘画和雕刻,被认为是最早的艺术形式和人类象征行为的典例。考古专家不断传来铀钍测年法奏效的捷报,但是原始艺术的源头以及风格和实践的发展等方面始终存在极大的不确定性,无法判断它们是现代人与尼安德特人相互作用的副产品,还是后期发展起来的。根据技术、主题、风格和叠加现象,专家能够在艺术中识别出不同的阶段,但无法确悉这些阶段是重合的还是演化的,也因而无法明确定义原始艺术的创作族群、价值内涵以及历史成因。2012 年 6 月 15 日出版的 *Science* 期刊封面图像(图 5.17)来源于西班牙坎塔布利亚自治区阿尔塔米拉(Altamira)洞窟中的原始绘画。这部分图像截取自洞窟顶部岩壁(图 5.18),呈现出两种基本艺术形式,即经勾线与填色的外形特征较为明显的多色动物符号,以及以线条为主的混沌散乱的单色抽象符号。英国布里斯托尔大学考古与人类学系的派克(A. W. G. Pike)教授以及来自英国、西班牙的多位专家、学者,采用前沿的铀钍测年法对西班牙 11 个洞穴中的旧石器时代艺术进行断代。封面中这幅多色(棕色和红色)野牛图的历史可以追溯到大约 1.8 万年前;而下层的单色(红色)双锁骨图案甚至更为古老,至少有 3.56 万年的历史,是在解剖学意义上的现代人类首次到达欧洲后不久完成的。

图 5.17　2012 年 6 月 15 日 *Science* 期刊封面

图 5.18　西班牙阿尔塔米拉洞窟顶部岩壁

这些旧石器时代的洞穴艺术堪称人类早期符号行为的独特档案,但因为难以获得可靠的日期,经过一个多世纪的研究,人们对其年代信息仍知之甚少。此次对西班牙西北部阿斯图里亚斯和坎塔布里亚11个洞穴的研究意义重大,此次研究勘探了阿尔塔米拉(Altamira)、埃尔-卡斯蒂略(El Castillo)、蒂托-巴斯蒂洛(Tito Bustillo)等世界遗产名录中的重要人类遗址,并对洞穴中的原始绘画及雕刻进行年代测定。研究成果表明,装饰洞穴的传统至少可以追溯到奥里格纳西亚人时期,即第一批解剖学意义上的现代人生活的时期。由于尼安德特人也被发现可能从事洞穴绘画,我们无法判定艺术起源于哪个族群,也无法确悉原始艺术中文化价值的异同,但可结合巫术学理论对原始艺术发源动力和实用性质进行大致合理的推断。在巫术学理论中,洞穴绘画通常被认为是原始"法术"的附属产物。J.G.弗雷泽(James George Frazer)是英国著名艺术人类研究专家,在《金枝》一书中,他对"宗教进化观"进行解读,认为人类理智的发展过程分为三个阶段。"法术"是人类的"原始理性",即原始社会中的"准科学",而洞穴绘画等原始艺术则是为保障"法术"奏效而生。在原始社会中,人类是想用法术来控制自然,这显然无效,所以人类又企图用宗教来超脱自然,但依然无效。后来,人类才逐步根据实践经验创立各门类的科学来认识自然,揭示自然界的奥秘。"从整体上看,人们的思维活动大致是从巫术延续到宗教,再发展到科学的。巫术、宗教和科学,归根结底都是思想的论说,科学如今取代巫术与宗教,日后它本身也可能被更完美的假说所取代。"①

弗雷泽还特别提出,原始人思维的主要特点是"万物有灵",也就是认为世上所有东西都可以跟人类发生感官交互。因此发展出"交感巫术",并在这基础上延伸出众多部落风俗习惯、宗教仪式和信念,以及各种禁忌,我们依然可以从现存原始部落中发现大量的有关"交感"的形式。弗雷泽还提出"模拟巫术"和"接触巫术"的概念,两者分别建立在相应的原始思维基础上:一种是"同类相生相长"和"果必同因",其表明只要利用模仿这一方式就可以满足自身所有愿望,这也可以叫作"相似律",一些巫师就以此为依据创建了"模拟巫术";另一种是

---

① J.G.弗雷泽.金枝[M].耿丽,译.重庆:重庆出版社,2016:370-372.

"只要物体曾经接触过,在接触中断后依然可以远距离地互相作用",认为仅借助对方接触过的物体就能对其加以影响,也被叫作"接触律"或是"触染律",巫师们以此为依据创建了"接触巫术"。这两类巫术相同的地方是:它们都表示一个物体可以在某种不可描述的交互作用下与未接触的其他物体发生相互作用,都表示物体自身的能量可以由某种抽象的叫作"以太"①的介质传递给其他物质,因而被统称为"交感巫术",并且这两者一般都是伴随着进行的。"巫术是对自然规律的一种歪曲,若将其作为行动准则只会走向歧途。从自然法则体系的范畴来看,巫术可称为'理论巫术';而从指引人们实现愿望的角度来看,巫术又可称为'应用巫术'。值得注意的是,最初的巫师们看到的只是巫术的应用性。换句话说,他眼中的巫术完全是一种技艺,而不是科学。"②但是"交感巫术"作为一种试图以精神力量掌控世界的特殊构想,同时也给出最初的艺术思想活动方法以及多种多样的审美发明元素。根据弗雷泽的观点,现存的原始人洞穴壁画正是"交感巫术"的体现,可大致将其归类为"模拟巫术"。史前洞穴壁画大多被描绘在洞穴深处,显然是作为神秘仪式中的重要流程,而不是为满足审美需求。巫术活动中的绘画、雕刻以及说辞、歌唱、舞蹈,都是用来保证巫术成功的流程。在生产力低下的原始社会,为满足生存需要,原始人不断祈求狩猎能够成功,因此很多壁画的轮廓曾被反复描画。在《拉斯科野马》(图 5.19)中,野马体型肥硕健壮,身上还有被原始人武器击中的痕迹。这是因为原始人坚信,只要把动物画得健壮,就可以捕获同样健壮的动物;在动物身上画出伤痕,就可以在现实中击中动物;只要对事物的形象施加影响,就会对事物本身造成影响。这部分理论可大致概括为——巫术和宗教仪式中为保障最终效果而配备的表现性活动,正是最原始的艺术形式,即艺术的开端。

  巫术说作为西方的艺术起源论中的主流学说,对原始美术的发源动力及非审美性质的探讨确实具有重大意义,但它也因自身存在的弱点而不断遭到非

---

① 以太(Ether/Aether):古希腊哲学家亚里士多德所设想的物质,专指组成空间的意识流,是灵界创造物质现象界时所创造的第一种最基本元素,主声音,也是其余四大基本元素(水、火、气、土)的创造者,物质现象界的万物生存其内。

② J. G. 弗雷泽. 金枝[M]. 耿丽,译. 重庆:重庆出版社,2016:10-19.

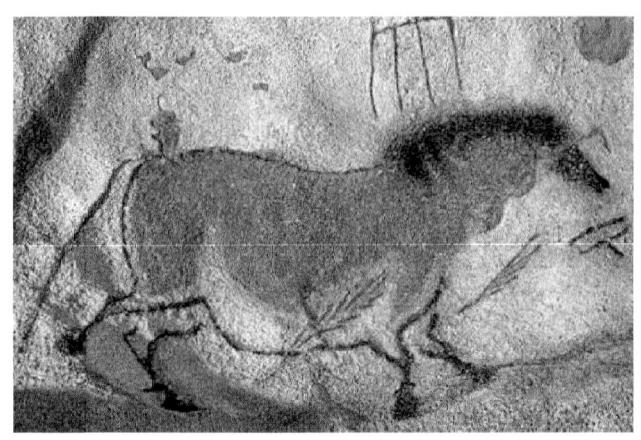

图 5.19　法国拉斯科洞窟的旧石器时期的壁画

议,尤其是忽略了隐藏在精神动机后面的动因,忽略了人类物质资料生产活动(包括劳动过程和社会过程)的重大导向价值。马林诺夫斯基(Malinowski Bronislaw Kaspar)也是英国著名的人类研究学家,在弗雷泽提出的"自下而上、我他互动"的理论方法基础上,他以自己的理论进行延伸和发展,通过"民族志"的形式进行了更广泛的研究,表示古人会在骨片、陶坯、树皮和岩壁等物上刻画出图标,并以此来作为强化印象和传递信息的工具。原始人还会举办集体的歌舞晚会,这是出于饱餐后的满足,或是发泄欲望的冲动。在《西太平洋上的航海者》这一著作中,马林诺夫斯基表示:"从民族志中可以发现,古老的信息资料基本都是通过亲自观察、土著人员陈述以及部落生活等的各种各样的形式展示给研究人员的,其最终会以权威结果的方式被提出,这就使得其与真实的情况存在很大的差异。"[①]大量一手调查资料显示,许多原始艺术行为与巫术并无直接关联。由此可知,巫术说对艺术起源的阐释存在明显的片面性,还应当分立出多个部分,例如劳动论、模仿论、游戏论以及表现论等。总而言之,艺术的起源是由众多因素共同决定的,并且其前提是劳动,中介是巫术,其中也融合着人们对于模仿的需求、对于游戏的自身本能以及自身的表现欲,经历了由实际功用到包含审美价值的悠久进程。从根源上说,生产劳动、巫术、模仿、游戏以及表

---

① 马林诺夫斯基.西太平洋上的航海者[M].梁永佳,李绍明,译.北京:华夏出版社,2002:3.

现,都应该归纳到原始社会的生产实践活动范畴中。可以说,艺术是人类历史文化发展进程中的必然产物,艺术的起源以及进步都理所应当被包含在社会活动的范围之内。

5.2.3 祭祀仪式中的"象征性行为"模式

(1)"交换目的"与"神圣力量"

马赛尔·莫斯(Marcel Mauss)是法国著名人类研究学家,在《礼物》这一著作中,他想出三个关键问题——"以前的社会的人们,为什么会有礼必报,是什么原则导致的?""礼物中蕴含着什么力量使接受者非报不可?""人类是如何通过礼物与神圣性联结起来的?"这三个问题对于我们研究人类的祭祀活动及艺术的起源发展有启发作用。2018年6月22日出版的 Science 期刊封面(图 5.20)来源于墨西哥城出土的阿兹特克①"头骨纪念架"。在16世纪的特诺奇蒂特兰(Tenochititland,今墨西哥城),也就是阿兹特克的首都,祭祀牺牲者的头盖骨被串起并挂到了木柱上,然后展示在纪念架上。据 Science 期刊特约驻地记者丽兹·韦德(Lizzie Wade)报道,墨西哥城遗址(图 5.21)周围的挖掘中偶然出土了这个纪念架的遗迹,以及两个附带的头骨纪念塔,且这还只是冰山一角。专家、学者们希望借此机会进一步考证阿兹特克的祭祀流程、被牺牲者的具体身份、

图 5.20　2018 年 6 月 22 日 Science 期刊封面

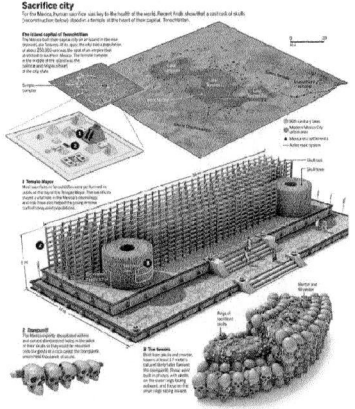

图 5.21　阿兹特克特诺赫蒂兰祭祀遗址示意图

---

① 阿兹特克(Aztec):阿兹特克文明是墨西哥古代阿兹特克人所创造的印第安文明,是美洲古代三大文明之一;主要分布在墨西哥中部和南部;形成于 14 世纪初,1521 年为西班牙人所毁灭。

死者尸体的处理方式以及杀人仪式背后蕴含的精神意义。虽然这些头骨在如今看来极为可怖,但在当时却似乎象征着"春天的初花"和人类得以延续的种子。所有祭祀牺牲品及象征性仪式都是被当作"礼物"供奉出去的,承载着重要的"交换目的",具有使人神互通的"神圣力量"。这种血腥、残暴而又庄严、肃穆的外在艺术表现,反映出古文明社会中诸多动荡因素引发的极端宗教文化。

据考证,在祭祀仪式中,俘虏首先被带到城市的大神庙,神父在那里切开他们的躯体,剖出仍在跳动的心脏。然后尸体被抬到另一个祭祀场所,神父凭借多年的解剖经验,用黑曜石刀熟练地将尸体斩首,割去脸上的皮肤和肌肉,把头骨两侧凿出大洞后串在粗木桩上(图 5.22),安置在特诺奇蒂特兰大神庙(the Great Temple of Tenochititlan)前的骷髅头神庙(Skull Temple)中。经过数月或数年的日晒雨淋,头骨会开始碎裂,牙齿乃至下巴也会脱落,此时神父会把头骨转移到面具(图 5.23)或祭品中,或者混合灰泥后添加到头骨纪念塔上。根据用来固定木柱的孔洞的大小和间距,可以估算出骷髅头神庙的大致体量(长约35 米,宽 12 到 14 米,高 4 到 5 米),其占地面积比如今的篮球场还要略大,已发现的塔楼最大直径为 5 米,高至少 1.7 米。根据史料记载、手稿的描绘(图 5.24)及考古学家的勘探,绝对有几千个头骨曾被同时展示在这套纪念架和纪念塔上。阿兹特克人为供奉众神而举行的杀人祭祀,规模远比我们从前所能想象的更庞大(图 5.25)。虽然当代人已经难以接受这种残忍的仪式,但人类的牺牲在中美洲古文明中曾占有极为重要的地位。包括玛雅和墨西哥在内的许

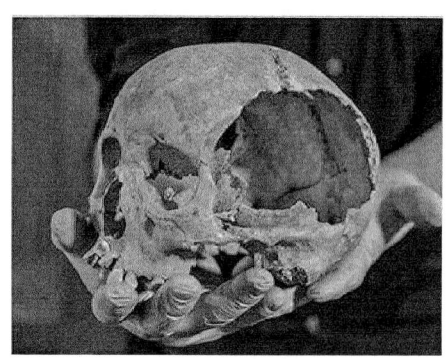

图 5.22 被凿洞后串在
粗木桩上的头骨

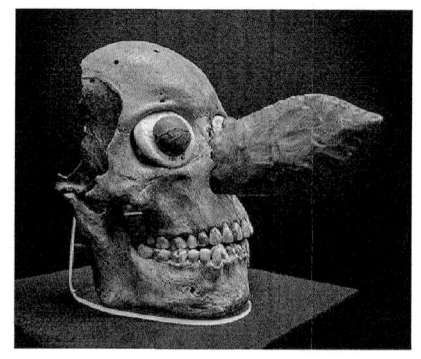

图 5.23 被制成面具的头骨
(黑色镶嵌部分为黑曜石)

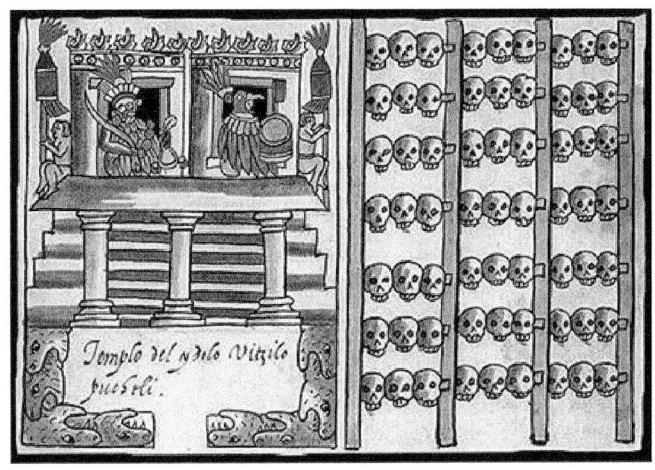

图 5.24　1587 年阿兹特克手稿
（图片来源：瓦法典/维基共享媒体）

图 5.25　成百上千的头骨证明人祭的巨大规模

多当地古文明,都认为应以人类的牺牲来滋养神灵;如果没有祭祀仪式,太阳将停止升起,世界将结束;牺牲的受害者会在来世赢得一个特殊而又光荣的地位。正如美国杜兰大学人类学教授约翰·范拉诺(John Verano)所说,所有前现代社会都有某种贡献形式,其中最有"价值"的牺牲就是人类的生命。对于阿兹特克人而言,这些头骨就是生命和再生的标志,确保人类持续存在的保障。

莫斯认为,在原始人类视角中,一切社会秩序的构建都仰仗于"神圣力量",

此"神圣力量"来源于"礼物之灵","礼物"的最初主人(即人类)要定期向神献祭示敬,而神会提供保护和恩惠作为回馈。人们遵循既有的利害关系,履行义务式的献祭活动,而神会将财产的所有权赐予献祭者,并确保被转交后的所有权得到保护。人与神互相约束的契约关系在这种循环中得到确立、维持和巩固。作为人神"交换"活动的载体,"礼物"往往具有"神圣性",道德强制力使"礼物"产生了本质上的变化。"礼物"以"并接"的方式将人神联系起来,显示出双方在社会等级中的相对位置和规范关系,从而维系社会文化中的"合理"构架以及"合理"制度。为了深入验证,莫斯引用了印度古老的"檀施"概念:给予者给予别人物品,这些物品就会在这辈子或者下辈子给他带来回报,可能会在物归原主的同时连本带利归还并积累声望。若我们将"礼物"置于整体社会事实中观察,可发现"交换"的形态存在"人神上下等级式"与"平行对等互惠式"。重点在于,人与物的状态在"交换"过程中总是"混融"的,人们将"灵魂"融入事物,亦将事物融入"灵魂",而人们的生活又彼此相融。在此期间,本已分离的人与物能够跨出各自的圈子并继续产生关联,这也是人们常说的"契约"和"交易"。莫斯认为,以上两种契约和交易(包括人类和人类、人类和神明的契约和交易)的关系,不单单关系到人类与事物,并且还会关系到和它存在一定联系的神明的存在。[①] 在莫斯的看法中,艺术也是作为物的存在,与人有着不可分离的社会关系。最先起源于人神之间的交换,具备了神秘的礼物的价值。原始社会生产力低下,生活资料匮乏,狩猎和农耕都对自然有着极强的依赖性。大自然一方面为人类提供赖以生存的条件,另一方面又会给人类带来灾难,所以原始人眼中的自然可敬又可怕。"自然崇拜"作为最原始的宗教思想,就是来源于这种强烈的矛盾冲突。新石器时代的人类尚未形成明确的"超自然体"观念,但已开始有将"自然物"和"自然力"超自然化的倾向,会将其视为具有生命、意志和伟大能力的对象并加以崇拜。至14世纪,阿兹特克人认为"时而行善、时而作恶"的自然界与"喜怒无常"的人类相似,故将自然力人格化,将众多自然力视作男女诸

---

① 马塞尔·莫斯.礼物:古式社会中交换的形式与理由[M].汲喆,译.上海:上海人民出版社,2002:25-26.

神,认为是神灵的力量助他们繁荣昌盛,而维护人类生存发展的神灵也理应得到报偿,因此需要不断献祭出宝贵的生命,祈求神灵永葆慈悲心肠,让人们躲避来自大自然的迫害。在《阿兹特克文明》一书中,乔治·C. 瓦伦特表示:"阿兹特克宗教是因为认可并且害怕来自大自然的力量,然后尝试去控制这种力量而产生的。为了区别这些力量所以按重要性对其进行分级,这既是文化进化的一部分,也是艺术和社会进步的一部分。阿兹特克人对超自然的力量与宇宙之间的关系形成一种主观概念,如果按我们的思想方式来理解,这个观点具有向着一种完善的哲学发展的趋势。"[1]阿兹特克人根据两套历法系统来举办规律性的宗教仪式,包括一系列献祭、祈祷和象征性活动,耗费了国家(酋邦)大部分资产,并深入到公众生活的各个方面。为顺利实现人与神之间神圣的"交换目的",准备献祭仪式的过程被安排得极其严谨繁复,绝非肆意而为的"杀人大会",很多牺牲者需要提前接受长期的训练并进行多次的彩排,有些祭品的养成时间甚至会长达整年,以确保他们能在庆典中扮演良好的角色。阿兹特克的宗教仪式中采用各种极为残忍、震撼的杀人献祭方法,且安排大量具有强烈感官刺激性的项目,例如为作为牺牲品的儿童定制盛装,将俘虏的皮肤剥下做成衣服,由祭司扮演神明来跳舞祈祷,举办盛大的集体农事舞会,组织高杆花样表演和竞技比赛,制作祭祀使用的木蛇与小人像,用玉米秆装饰室内祭坛,排练勇士团的圣战戏剧。这样的附加流程被用于确保神灵受到诱导,并保障人类的延续。此外,昂贵的供品和痛苦的仪式,也可以帮助定义和加强群体认同。杀死俘虏或其他被牺牲者,能够建立和加强大型复杂社会的等级制度。在人类创立并遵循各类科学前,自然环境的变化莫测、生产力水平的低下,以及由此引发的血腥民族斗争、残暴阶级统治,都使人类生活在危机四伏中,所以我们所发现的古文明艺术在很多情况下都会以宗教和政治面貌呈现。

(2) 交融关系与民族精神内核

"中国如何成为中国",这不仅是一个学术话题,还涉及一个世界上人口最多、经济最活跃的国家如何看待自己及在世界上的作用之核心。在 20 世纪大

---

[1] 乔治·C. 瓦伦特. 阿兹特克文明[M]. 朱伦,徐世澄,译. 北京:商务印书馆,1999:192.

部分时间里,考古学经常被用作一种政治工具,在增强民族认同感和自豪感的同时,全新的考古学成果又主动打破经验主义的范式。

中华文明的发源地一直被认为是黄河中游的周边地区,中原地区的考古遗址也因此一直被认为是研究当时的艺术水平、生产技术、社会精神及民族精神的最大凭据。而现在,随着研究的深入,来自良渚和其他遥远角落的古老而又复杂的艺术与文化也开始讲述关于中国起源的故事。

2009年8月21日出版的 *Science* 期刊封面(图5.26)来源自中国东南部良渚出土的祭祀礼器的精美纹饰:人兽玉面雕刻。玉雕上阴刻线与浅浮雕结合,整体观感威严、庄重,外轮廓抽象化,对称感极其强烈,主体造型鲜明,又遍布细致繁复的线条纹饰。在 *Science* 特约记者和作家安德鲁·劳勒(Andrew Lawler)此次撰写的"中国新闻焦点研究"专栏中,这件作品被认为是中国古文明祭祀活动中象征性行为的

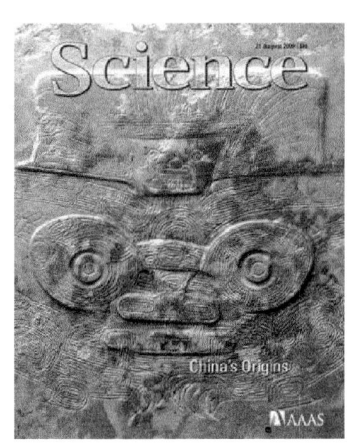

图5.26　2009年8月21日 *Science* 期刊封面

缩影,也是传统中华文明所散落的艺术与精神的种子,其中蕴含着公元前3400年到公元前2250年的某种神秘的精神信仰,为我们研究古文明艺术的交融关系提供了有力的实物线索,并有助于理解艺术起源问题中蕴含的民族精神性导向因素。

维基百科中引用的考古学观点广为接受:"新石器时代黄河沿岸的各个城邦是中华文明起源的地方。"黄河中游的平原是公元前2000年中叶中国文明融合的地方,历史学家称这一时期为商朝。商朝的大量考古和文字遗存揭示了这个精英群体的存在,他们拥有丰富的宫廷文化,统治着北方寒冷的干燥地区,发展了以种植谷子和小麦为主的农业。商朝人民在频繁的征战中使用了先进的武器(如马车),并从被征服的地区俘虏了许多奴隶。在精神文化方面,他们崇拜心目中主宰自然力量的至高无上的"神灵",并向被视为家庭生活积极参与者的祖先致敬。在与祭祀活动相关的艺术表现中也随处可见"神力兼并万物"的

倾向,崇尚一种以狰狞为美的特殊审美文化。

商代青铜器上怪异、恐怖的纹饰被作为"辟邪免灾"的心理暗示,这些图像符号既象征着神与魔之间的斗争,也暗示着人类对自然的敬畏与祈求。商朝的饕餮纹是由各种猛兽综合形成的凶恶形象,用于衬托威严的气氛,几乎所有青铜器都以饕餮纹为主纹饰,特别是鼎。饕餮被称作是天地的介质、人神的使者,代表权力、代表鬼神,宗教意义非常强烈,在当时有着神圣地位。商代的夔龙纹象征祖先,表现为近似于龙的动物,多位于饕餮纹两旁,但地位远不及饕餮纹,因为当时鬼神崇拜远大于祖先崇拜。凤鸟纹是象征商代人自身的图腾,大多为对称排列,位于饕餮纹周围,从商代的文化、经济、祭祀角度来看,凤鸟纹的地位都远不及夔龙纹,因为当时的图腾崇拜也远不及祖先崇拜。这些布满各种象征性纹饰的商代青铜器,不单单是放东西用的容器,而是属于宗庙中的礼器,其使用数量可以展现身份的贵贱,尺寸大小能够显示权力的等级。众所周知,商代青铜器已有完善的制造流程(备泥、制模、制范、装配、浇铸、去范、打磨、制成),以及鲜明的民族性的艺术审美表现风格,是当时生产技术和艺术水平的重要物质载体。而更值得我们关注的是,商代青铜器作为当时社会背景和民族精神的缩影,真实地再现了我国封建奴隶制度的残酷面目和古文明发展的必经之路。

在商朝,奴隶主通过青铜礼器祭拜神灵和先祖,在仪式中充当祭品的牲畜一般是猪、狗、牛、羊,而更为重要的则是人祭,其规模之大、范围之广,在中国历史上达到了顶峰。根据甲骨文卜辞的记载,杀人祭祀在武丁时期最为盛行(计数表明,在一次仪式中,祭品曾达到 500 人)。在殷墟现已被发现的数千座祭祀坑中,埋藏着上万的牺牲者(学者从卜辞推算出的被杀殉总数至少有 14 197 人)。各类杀人祭祀活动盛行于商朝,通常分为"杀人为牲"与"用人殉葬"。前者一般用于处置战俘与宣告胜利,被俘男子要杀祭于祖先灵前,女子成为贵族的玩物,儿童被处死或供收养;后者一般见于王族和贵族领主的殉葬仪式中,牺牲者多为已逝者的近臣和近侍,殉葬者的身份为奴隶、平民,乃至贵族。商朝的人祭手段在如今看来异常残暴,包括"舀"(活埋)、"刿"(割杀)、"伐"(以戈砍头)、"焚"(焚烧人牲)、"火"(即灸,炮烙人牲)、"俎"(也就是"菹",制成肉酱)、"磔"

（张裂风干已被"刳剔"过的人牲）等。在祭祀活动中,商代奴隶主会将"祭品"杀死,以贡献给神灵和先祖；"祭品"被杀头、烧死、埋葬、宰杀,甚至剁成肉酱,头部有时还会被刻上铭文。在祭祀结束后,还要完成"食血食"的风俗,也就是"羸"（烹煮人牲）人为肉羹,分羹并食用,表示和祖先共食。以现代视角来评判,这可谓是古代祭祀活动中最为黑暗的部分。原始社会的人祭或许是纯粹出于自然崇拜,而商朝的人祭还带有明显的阶级性（阿兹特克人祭也被认为存在阶级性目的）,这已是本质上的区别。《左传》有云:"祀,国之大事。"可见祭祀是商代奴隶主重要的社会活动与政治手段,以权力强化宗教仪式的地位,将祖先奉为人格化的祖宗神,能够维护阶级尊严并巩固阶级统治,同时也是在为当时的经济基础服务,造就了辉煌的中国黄河流域古文明。

　　殷墟与二里头等黄河遗址,是了解中国首个城市中心的关键。但随着研究的深入,学者们发现未曾受到重视的其他文化地域浩如星辰。显然,区域中心的发展和扩大有助于中国文明的整体构建,这些中心之间的交流和竞争也可能是理解共同文化如何产生的关键。

　　中国文明是由多种繁荣的地域文化交织而成的,史前的中国社会跨越时间和空间,留下丰厚的物质与精神遗产。尽管良渚建筑遗址的体量与埃及的金字塔和美索不达米亚的金字塔形塔庙（ziggurats）相比并不算宏大,但这些建筑也需要大量的劳动和技能,近几十年被发现的定居点多达近 300 个,甚至延伸到广袤的内陆地区,而良渚遗址发源位置的偏远和年代的久远远比工程更令人震惊。此外,遗址中的城墙、护城河和石制武器暗示,良渚人似乎与邻国有军事和政治关系。被挖掘出的大型土堆大约有 30 个,其中大多都有包括玉石、象牙和漆器在内的精美墓葬品,表明这里曾存在广泛的区域贸易。而且,这个社会似乎已经开始传播典型的中国宗教思想。良渚人创造了一种圆环状的玉器,称为"璧",象征着天空,也创造了一种中有圆孔、外方内圆的筒形玉器,叫作"琮",代表着大地,这些都属于那个时期的核心礼器（以玉璧祭天,以玉琮祭地）,体现出中国古文明对宇宙神话了解的状态。良渚精细的玉器、精美的墓葬品、艺术价值独特的雕刻品都独具魅力,与黄河文明迥然不同。良渚地区的商品和艺术品样式（特别是玉器）在长江上游 3 000 千米处的西部被发现,并已在中国各地被仿制了数千年。良渚文明所使用的圆璧和方琮,已成为中华民族经久不衰的象征性符号。在红山文化中,有许多形似凤凰和龙的随葬玉器,在后世也成了中国神话中的中心符号。美国考古学家伊丽莎白·查尔兹·约翰逊(Elizabeth Childs-Johnson)博士经常在中国工作,她认为,中国的玉器就像西方的黄金,向来是权力的主要象征,由新石器时代延续至今。中国的玉器生产通过定义精英阶层,成为社会进化的主要刺激因素。这些古文明玉器上的雕刻艺术则反映了由自然崇拜、宗教信仰、政治经济、军事斗争、阶级意识等一系列因素引发的创造性思维和民族精神内核,是中华古文明脉络中不可或缺的一支。

5.2.4 文化遗产的"原址保护"模式反思

(1)"不可移动文物"与"移动保护"

考古学家参照野生动物保护方面的"就地保护"①概念,提出了对"不可移动文物"②进行"原址保护"③的倡导。国内外的众多专家、学者都坚称,只有让古遗迹保留原址,才能留下一座城市变迁的依据,其历史人文价值的研究意义十巨大。中国就有知名的"长沙120米古城墙原址保护20米"之例。可是,极端气候、贫穷动乱、宗教斗争已对很多远古遗迹造成了不可磨灭的破坏,我们不得不思考对"不可移动文物"进行"移动保护"的可行性,反思"原址保护"存在的弊端。

(2)南方玛雅文明的衰落

2012年11月9日出版的 *Science* 期刊封面(图5.27)来自于墨西哥尤卡坦卡巴遗址中面具宫殿(Codz Poop)的外墙,墙面整体保存状况良好,缀满象征着

---

① 就地保护(In Situ):在《生物多样性公约》中有定义,是指以各种类型的自然保护区包括风景名胜区的方式,对有价值的自然生态系统和野生生物及其栖息地予以保护,以保持生态系统内生物的繁衍与进化,维持系统内的物质能量流动与生态过程。建立自然保护区和各种类型的风景名胜区是实现这种保护目标的重要措施。
② 不可移动文物指先人在历史、文化、建筑、艺术上的具体遗产或遗址,包含古建筑物、传统聚落、古市街、考古遗址、石窟寺、石刻、壁画及其他历史文化遗迹,涵盖政治、军事、宗教、祭祀、居住、生活、娱乐、劳动、社会、经济、教育等多方面领域,弥补文字和历史等记录的不足之处。
③ 原址保护是建设工程选址中对不可移动文物的一种保护措施;是指在建设工程选址时,尽可能避开不可移动文物;因特殊情况不能避开的,应尽可能对文物保护单位进行就地保留和合理庇护。

雨神查克（El Chultún del dios Chaac）的长鼻面具，体量庞大且数量众多，主体造型与浮雕装饰都带有庄严的威慑感，体现了当时易缺水状态下人们对降雨的虔诚祈求。美国宾夕法尼亚州立大学人类学系的道格拉斯·肯尼特（Douglas J. Kennett）教授、瑞士"地球科学部"（ETH）的专家塞巴斯蒂安·F. M. 布雷滕巴赫（Sebastian F. M. Breitenbach），以及来自美国、英国、德国、瑞士、洪都拉斯的多位专家、学者共同研究气候变化下玛雅政治体系的发展和解体，发现卡巴和普乌克地区的玛雅文明在公元前800年到公元1000年期间得以蓬勃发展，许多重要遗迹也得以保留至今；而南方的城市则未获此幸运，由于气候变得过于干旱而面临崩溃。提及极端气候，我们通常联想到动植物生存危机，事实上，它对人类文明及历史遗迹的负面影响也绝对不容小觑。

图 5.27　2012 年 11 月 9 日 *Science* 期刊封面

金伯利（Kimberley）位于西澳大利亚州的西北角，孕育着崎岖的峡谷和史诗般的水道，也是原始"岩石艺术"的发源地，当地土著的宗教信仰和生死观念都在这批"世界上最早的具象绘画"中得到充分展现。可悲的是，这一重要考古遗址已受到气候变化的间接威胁。近年来，澳大利亚一直在与气候变化带来的破坏性影响作斗争。为应对严重干旱和极端炎热天气带来的火灾风险，州政府已采用燃烧弹和地面焚烧手段，这项防火策略不可避免地损坏了无价的历史遗迹。

象窟（Elephant Cave）位于孟买附近的巴厘岛，由 7 个布满印度教和佛教雕塑的洞穴组成，被认为是印度教洞穴文化的缩影，这个神秘考古遗址的起源尚未可知，有专家认为其历史可以追溯到 5 至 8 世纪。1534 年，葡萄牙探险家的发现使遗址重见天日。1970 年，象窟得到整体修复和保护，并被联合国教科文组织确立为世界遗产。可悲的是，这个令人敬畏的考古奇迹现在也处于危险之中，旅游业和不断增长的人口带来潜在威胁，而最具破坏性的因素则是全球气候变暖造成的海平面上升。

在极端气候的影响下,各级政府出台的各项应急政策,很可能对历史遗迹造成毁灭性的打击。全球气候变化变暖对原始艺术人文遗存带来的负面影响理应引起国际社会的更高重视,对碳排放的控制和新能源的开发刻不容缓,而与此同时,对关键性"受灾"文物的合理抢救和转移也亟须提上日程。

(3) 美索不达米亚的毁灭

2001年7月6日出版的 Science 期刊封面(图5.28)中这尊萨尔贡二世时期的石雕头像距今已有2700年的历史,原本位于伊拉克北部的霍尔萨巴德(当时的首都杜尔-沙鲁金),为典型的亚述雕塑风格,是对"苏美尔—阿卡德—巴比伦"艺术脉络的沿袭,保留着美索不达米亚发源时期的质朴理念,在借鉴古埃及造型构成与巴比伦表现风格的基础上,又着重体现典雅细腻之韵,对古希腊艺术颇有影响。据 Science 特约记者和作家安德鲁·劳勒报道,该残破石雕头像是

图5.28 2001年7月6日 Science 期刊封面

于1997年被抢劫者从一座大型雕像上锯下来,然后切成小块走私出境的。伊拉克警方于2年后抓获并处决了10名抢劫犯,这尊在巴格达伊拉克博物馆等待修复的石雕头像也得以重见天日。但在之前的数十年中,成千上万的其他珍贵文物已经无可挽回地丢失了。

伊拉克是古代世界上第一大城市和帝国的所在地,很可能是书写的发源地,也是许多宗教传统的发源地。伊拉克拥有数千处历史长达万年的重要考古遗址——掩埋着史前村庄的陡峭土堆、巨型金字塔结构的塔庙建筑(ziggurats),还有辉煌的中世纪沙漠城堡耸立在平原之上。这个国家曾经财力雄厚,杰出的学者团队遍布全球。但战争暴乱和经济制裁已对该地区丰厚的遗产造成了毁灭性的破坏。在战争结束后,暴徒抢劫了伊拉克的大部分博物馆,持机枪的入侵者肆无忌惮地扫荡了古代遗址。随着伊拉克沦为国际社会的"贱民",大规模外部援助的前景越发渺茫。联合国教科文组织只能提供有限的援助,而西方国家政府对解决伊拉克的考古困境或阻止古物流出伊拉克的局面都不愿插手。数

千块刻字板、圆筒形印章和石雕正非法进入利润丰厚的伦敦、日内瓦和纽约古董市场,并出售给了私人收藏家。伊拉克南部广大平原上如今已布满堆子弹的坑洼土丘,璀璨的美索不达米亚文明遗产正走向不可撤销的消亡。在动乱的国家,不可移动文物的就地保护似已成为一纸空谈。

(4) 阿富汗面临的挑战

2002年11月8日出版的 Science 期刊封面(图5.29)来源于1937年法国考古学家简·卡尔(Jean Carl)在阿富汗丰都基斯坦(Fondukistan)遗址发掘出的古代佛像。据 Science 特约记者和作家安德鲁·劳勒报道,来自阿富汗国家博物馆的工作人员藏匿起这尊公元6—7世纪的珍贵佛像,以防被塔利班摧毁。

图5.29　2002年11月8日 Science 期刊封面

在喀布尔举行的一次文化遗产会议上,许多国家对阿富汗的请愿做出回应,一些国家开始提供资金和专业知识,主力是德国、意大利和日本,但有些国家则迄今仍没有兑现承诺。(更令人震惊的是,美国等相关发达国家基本上没有带来援助。)联合国教科文组织为维护和修复巴米扬遗迹,确定了庞大的工程规划,2001年到2008年期间共指派了5个国际专家工作组。第五期工作组在2006年10月设立,队员总数是30名,涵盖了来自德国、意大利、日本、法国的考古学家、地质学家和历史学家,以及来自阿富汗当地的政府官员。然而,工程在实践中仍旧是困难重重。2015年,中国的张昕宇、梁红夫妇及其队伍,成功运用前沿的建筑投影技术对53米高的巴米扬大佛展开光影还原,希望通过这种方式增加中阿两国的情谊。令人扼腕叹息的是,在中国队伍实现这个计划以后,塔利班组织立即拿出重金悬赏("每个脑袋5万美元"),遭遇生命威胁的队伍只能慌忙离开阿富汗,甚至不得不前往武器市场购买充当"光荣弹"[①]的手榴弹。虽然当代科学

---

① 光荣弹:指前线战士为了在战斗情况下不当俘虏,不被敌人侮辱折磨而采取的一种极端措施,战士们普遍偏好采用更便于贴合身体携带的手榴弹如82-1型无柄手榴弹作为光荣弹。因为此型号与常见的木柄手榴弹相比,体积更小,更便于携带,没有突出的棱角、突出的保险销等易造成佩戴不适的部分。

技术正在飞速发展,社会各方面的阻力也是不容小觑,我们对远古艺术人文遗产的保护和研究还有很长的路需要走。

在这种局面下,或许只有考古学才能够将阿富汗带回科学主流——由外国使团帮助培训新一代阿富汗研究人员,如果项目正确有序地进行,往后可以用合理挖掘取代掠夺,增加贫困村民的收入来源,全力阻止非法文物交易,重建博物馆,恢复收藏品,培养学习氛围,重新点燃阿富汗对考古学的大力支持,以确保巴米扬大佛①(Bamiyan)的毁灭不会再发生。在保障物质遗产安全的同时,精神遗产也同样值得关注。阿富汗留存已久的"全球化"构造能够为来访的科学家提供大量线索,有望丰富我们对中亚的了解,包括从史前到现代的变迁,以及对世界其他地区的影响。在阿富汗,希腊思想与中国哲学以及受印度园林启发的波斯诗歌相融,拜火教(Zoroastrianism)、佛教(Buddhism)、印度教(Hinduism)和伊斯兰教(Islam)四大宗教相继诞生或改变。在宗教和文化动荡的时代,研究并保护这类长期以来通过贸易、武力、好奇心和精神力量将人类文化融合在一起的地方,就显得尤为重要和迫切。

5.2.5 结论

基于现当代对艺术起源的热切讨论,以及对艺术遗迹的广泛关注,国际权威科学期刊在封面中呈现出越来越多的"艺术人类学"元素,并通过艺术与科学的共通之处和相互作用,引导读者的价值取向。根据已发现的远古人文艺术遗迹,借助前人的理论成果和高新科技的力量,以"艺术科学"的方法来研究这些重要的符号,揭示了远古人文艺术背后的艺术价值、物质基础、精神内涵、时代特征等。由于科学本身也存在不可避免的局限性,艺术起源问题依然存在某些不确定性。但是,基于对各类历史推动力的考量,应探究"自然崇拜""神灵信仰""祖先信仰"等精神要素对艺术的影响,以及战争、劳动、贸易和封建等级制

---

① 巴米扬大佛(Bamyan/Bamian):位于阿富汗巴米扬省巴米扬镇境内,深藏在阿富汗巴米扬山谷的巴米扬石窟中,被联合国教科文组织列为世界文化遗产。巴米扬大佛历尽沧桑,至今已有1 500多年的历史,曾经历3次劫难。2001年3月12日,大佛遭到塔利班政权的残酷轰炸,已面目全非。世界各国组织修复和保护佛像的工作,主要参与国家有德国、意大利、法国和日本。

度等社会因素带来的影响。艺术在漫长的人类实践过程中（包括物质生产劳动、巫术和宗教仪式、游戏、模仿、表现等）诞生，并被赋予"神圣性""创造性""实用性""社会性"等多重特质。也正是因为艺术的存在，人类的社会精神和个体价值才得以完整。在专家、学者进行田野调查、史料采集和理论分析的同时，各级政府也理应正视并积极应对当下"原址保护"模式存在的弊端。在田野调查工作中，历史遗迹是"原始资料"的重要物质载体，也为后续所有的综合性整理和研究提供凭据；缺失了"原始资料"的"艺术人类学"无异于"纸上谈兵"，无论前沿科技再怎么发展都于事无补。气候剧变、战事动乱、宗教斗争已经给很多远古人文艺术遗迹带来了不可逆转的毁损，对位处于恶劣环境中的"不可移动文物"的"移动保护"已迫在眉睫。

5.3 艺术生态学的可视化呈现

5.3.1 从"CNS"期刊封面看生态美学中的"平衡"

工业革命使世界资源消耗总量剧增，同时与工业技术水平直线上升状况相反的是恶化的生态环境。生态问题在人类过去、现在、将来的生活中一直存在，尤其当下生态问题处于风口浪尖，受到世界各国的重视。作为后现代经济文化的产物，生态美学将生态学和美学结合，对于研究生态环境问题、打破传统存在论美学具有重要意义。

"平衡"在字典中有多种解释："衡器两端重量相等""两物齐平""对立的两方在数量、体积上相同""权衡国政使得其平""使保持平稳、稳定"等。归纳来说，即和谐、稳定、匀称，是令人感到安全和愉悦的状态。人文主义精神的基本内涵包括"平等"和"公正"的意思，生态理论主张将这一原则延伸到自然领域，提出人类与自然应处于相对平等的位置关系。科技是人类的发明创造，科学成果同样属于人文的范围，因此平衡原则的建立需要人类自身意识的进步，也离不开现代科学的力量。

（1）"封面故事"机制

科学技术作为第一生产力,是推动创新发展的动力,更是改变人类生活、生产方式,乃至影响世界格局的重要因素。科学期刊作为文化产业范畴下的产物,涵盖自然科学与技术领域,是传播重大科学发现和研究成果的重要渠道。

Science,*Nature*,*Cell* 等诸多国际权威科学期刊在内,都会在每期刊登论文中寻找一篇"亮点文章",在封面上以"图片加简要标题"形式做介绍。作为人类获取信息的最大来源,图像以最直观、最相似的描述,使信息在最短时间内传达给读者,帮助读者快速获得文章主题和重点。同时,设计美观的封面还是期刊展现自身高级审美趣味、吸引读者阅读兴趣的途径之一。因此,作为科学期刊"门面"的封面,更要准确把握期刊内容,将科学成果以可视化方式呈现在读者眼前。封面不仅是一本期刊以视觉审美方式吸引消费者的一大卖点,更担负着以视觉途径传播科技思想、展现前沿意识的重任。

(2) 生态美学与"CNS"期刊封面的关系

生态美学概念不只局限于科学期刊中,生态美学与科学之间存在直接与必然的联系。生态美学是伴随当代生态危机以及全球环保和绿色运动生发出来的存在论审美观,其研究范围广阔,包含生态美学、环境美学、生态文艺学、生态批评等,在环境美学、生态哲学、景观设计等方面也均有运用。

西方生态美学概念最早于 1996 年由美国生态学家高博斯特明确提出,我国于 20 世纪 90 年代由李欣复与曾繁人明确提出生态美学的中国发展问题。2016 年,我国在 G20 杭州峰会中提出,当前新一轮的产业转型和科技革命正在孕育之中,只有科技创新才能帮助我们走出当前世界危机。科学作为人类生存和社会进步的基础,永远走在前沿,替人类解决问题。近年来,随着全球环境恶化,生态美学理论的研究和运用成为国际热点问题,也是难点,越来越多的国家和研究机构开始重视生态美学问题,科学家亦把目光投向生态领域:天文、绿色化学、生态、环保以及大气污染、水污染、食品污染等问题,由此产生大量科学成果,并以论文形式刊登在科学期刊上。

生态美学相关论文在国际"CNS"期刊发表并被选为"封面亮点论文"时,需要将这些"亮点论文"的科学思想,以包含艺术审美特征和生态美学内涵的直观方式呈现在期刊封面上,这也是生态美学与科学期刊产生联系之所在。因此,出现了世界顶级科学期刊封面上使用生态艺术的图片,并随着生态问题热度的上升,提高了封面设计中生态美学图像的出现频率相关。

国际顶级科学期刊 Science 最早于 1959 年 10 月 2 日(总第 3379 期)开始以图片代替本期目录作为封面,在同年 10 月 16 日(总第 3381 期)发行的期刊上使用了含有生态美学相关元素的封面(图 5.3),封面为黑白图像,没有"亮点论文"介绍。同样在科学期刊领域占据泰斗地位的 Nature 期刊官方网站数据中,2001 年 1 月 4 日发行的 Nature(总第 6816 期)是官网可查询到的最早期刊封面。随后的 2 月 8 日(总第 6821 期)的期刊封面为热带南美洲风景(图 5.31),亮点论文标题为"Climate history in the tropics"(热带地区的气候史),这是 Nature 第一次以自然环境作为期刊封面,也是官网收录的第六张封面。两大国际权威科学期刊分别于 20 世纪 60 年代和 21 世纪初将目光转向生态学领域,这也是期刊封面图像与生态美学的第一次交流碰撞。

图 5.30　1959 年 10 月 16 日 Science 期刊封面

图 5.31　2001 年 2 月 8 日 Nature 期刊封面

2019 年 2 月 7 日出版的 Nature(总第 7742 期)期刊封面选取了俯拍视角的南极冰盖照片,亮点标题为大写的"Melting Point"(融化的关键),文章探讨了尼古拉斯·戈利奇(Nicholas Golledge)及同事考察到的格陵兰岛与南极冰盖融化的级联效应。由此可见,科学期刊对生态美学的科学研究从未停止。

从科学期刊的封面出现越来越多的生态美学图像来看,随着科学技术的飞跃发展,科学在生态美学的理论研究和实践运用中都将起到推动作用。这是科技开始服务于人类社会、服务于生态自然环境的直观表现,也是科学期刊封面将注意力转向生态美学相关图像的重要原因。

生态美学中的平衡问题是人、自然与审美的统一,对生态美学的建设和发展具有重要意义。20世纪60年代起,人类进入工业文明时代,随之而来的是环境破坏与生态污染,甚至威胁到数十亿人民的生存现状。

我国自改革开放以来取得了丰硕的经济成果,但同样也为此付出了沉重的资源与环境代价。在这样的背景下,解决生态与环境问题、走上平衡发展的可持续化道路成为全人类的现实需要。实现生态环境的和谐平衡,必然需要以包括生态美学理论在内的生态理论为指导,指引社会前进,这是人类社会、人类文明迈入下一个新阶段的关键点。当前,实现生态美学的平衡化成为生态建设的前沿意识之一。建立基础的生态存在论审美观是生态美学的要务,而交融东西方生态审美智慧、建立具有中国特色的生态美学理论体系则是我国当代生态美学的要务。在这一前提下,国际权威科学期刊以生态美学相关元素作为封面展示、在图像上体现生态美学思想中的平衡都是必然结果,反映出科学与美学相结合的意识,也可从中窥寻生态美学的相关理念。

5.3.2 "平衡"生态美学的发展脉络

(1) 从生态学到深层生态学

1866年,德国生物学家恩斯特·海克尔首创"eco-logie"一词,随着19世纪90年代欧洲植物学家出版第一批生态学文献,"生态学"(ecology)的拼写正式形成。此时的生态学属于自然科学范畴,研究生物有机体彼此之间的关系,以及它们和所属环境间的相互影响,生态美学的概念尚未出现,"从一开始,生态学关注的即共同体、生态系统和整体"[①]。

1973年,挪威哲学家阿伦·奈斯提出"深层生态学",将生态领域的学说用于分析人类社会与文化理论,旨在批判、反思现代工业社会在处理人与自然关

---

① 罗德里克·弗雷泽·纳什.大自然的权利:环境伦理学史[M].杨通进,译.青岛:青岛出版社,1999:64.

系上出现的问题和失误,这是自然科学与人文思想的一次探索性结合。奈斯提出:"我们寻求一种在整体上对地球上一切生命都有益的社会、教育和宗教,因而我们也在进一步探索实现必要的转变我们必须做的工作。"[①]"生态"作为一种意象,从自然科学转入社会和情感价值领域,因此深层生态学认为生态危机本质上归咎于社会生存危机和文化危机,要求从深层次角度思考人类在生态问题上存在的失误,将解决危机的关键落在建立合理社会制度、平衡文化价值体系上。

(2) 深层生态美学观中的平衡

生发于20世纪80年代之后的生态美学,将研究生物与生存环境的生态学和研究人与世界审美关系的美学有机结合在一起,是后现代文明的产物。生态美学的产生既是顺应时代的需要,也是文化、社会发展的需要。和瞬息万变的当今社会一样,生态美学观仍处于形成和发展的阶段,并伴随环境保护问题、社会发展状态的变化不断衍生出新的理论和观点。

深层生态美学也提出自我观念,但不同于社会学中所追求的以个人为基石的自我,也不同于弗洛伊德提出的精神三大部分中的自我(ego),这里的自我是视人与自然为一个和谐整体的概念。在生态系统大圈中,每个个体都是不可分割的一部分,深层生态学强调人类的"自我"只有成为大地共同体、人类共同体的一部分才能实现。阿伦·奈斯是第一个将生态学由自然科学领域转入人类社会领域的研究学者,这也使得生态美学、生态哲学研究应运而生,在"生态"中增加"平衡""美丑""伦理""价值"等内涵。人与自然不是一分为二的主客,而是万物共同体的双方,对其中的每一个成员和共同体本身,都应当予以同等尊重,用平等的视线关注,协调统一这个能量循环的动态有机体。这种平衡不仅可以保证人类持续发展和自然生态稳定,更构成"致中和,天地位焉,万物育焉"[②]的"美的规律",赋予生态环境以美学意蕴,使得生态系统中的美学内涵成为生态美学的研究对象。与此同时,深层生态学提供的理论支持,为生态美学的发展

---

① 雷毅.深层生态学思想研究[M].北京:清华大学出版社,2002:25.
② 子思.中庸[M].北京:中央编译出版社,2011:2.

起到推动作用。

(3) 背景

① 社会背景：生态文明觉醒。

马克思在《资本论》中提出，剩余价值是资本主义生产的根本动力，也是资本主义生产的实质。一方面，追求利润最大化的大机器生产模式下，对海外殖民地的掠夺和原始资本积累迅速兴起，资本主义制度在世界范围内确立起来。另一方面，自然科学界的突破性发现被转化为技术手段，为资本主义生产推波助澜。随之而来的除了能源的消耗，还有工业文明对生态环境造成的巨大压力，自然的生长规律被破坏，生态环境恶化。文学生态批评的里程碑式作品——莱切尔·卡逊所著的《寂静的春天》，就在书中将农药对土地、水资源、植被、空气的危害一一阐明，这实际上也是危害了人类自身，那个年代的美国乡镇，"每三个家庭之中就有两人要遭受恶性病的打击"[①]。

与工业文明一同席卷而来的，还有人类对自然界态度的转变。传统农业社会时期，生产力水平低下，人们满足于日出而作日落而息的规律生活方式，对自然没有足够清晰的了解，倾向于以神魔鬼怪之说解释自然现象，人为地给自然界蒙上了神秘面纱。当工业革命的车轮碾过密林平原，科学技术的发展破除了迷信色彩，人类对自我的信心和对知识的尊崇促使"自然的祛魅"说法得以宣扬，人类与自然的位置关系发生改变，人类以力量获取资源、自然以灵性抑制人类贪欲的微妙平衡同样被打破。

1972年，《增长的极限》一书面世，该书对地球可能面临的灾难做出预测，也促使人类开始反思，并采取行动矫正。自然环境的恶化，以及工业文明发展中，人类对自然缺失的敬畏之心，成为生态美学思想产生的基石。生态美学概念的提出，是为了适应社会现实的需要；文明进步历程中，平衡的重要性得到体现，生态美学中的平衡理念由此顺应而生。

② 文化背景：人类中心论的终结。

早在14世纪，意大利兴起文艺复兴时就提出人文主义精神，宣扬以人为中

---

① 莱切尔·卡逊.寂静的春天[M].吕瑞兰,李长生,译.吉林:吉林人民出版社,1997:192.

心而不是神,肯定人的地位和价值,以此对抗天主教的神权地位和禁欲主义。随着新兴资本主义的繁荣,文艺复兴运动席卷欧洲,"人本思想"取代宗教神学,成为社会文化领域、哲学思想领域的至高观念。几个世纪后的工业革命时期,"人类中心主义"思潮在社会观念中占据压倒性优势,强调唯科技、唯理为代表,人类对自然拥有绝对的控制。直到1966年福柯在其所著的《词与物》一书中宣告"理性"成为新哲学时代的主导,"人不再在存在的中心处进行统治"[1]。工业化的脚步是时候停下,与之相伴的"人类中心主义"也是时候做出改变了,人类迫切需要调整姿态,重新审视人类与自然的关系。

生态美学理论产生于后现代文明——这一时代在经济上以信息产业、知识集成为标志,在文化上分为解构与建构两种。文化建构的后现代则是对现代性反思基础上的超越和建设,如文化上存在市场拜物主义、心理疾患漫延等,甚至文化自身也出现转变。

20世纪70年代末至80年代初,欧美国家在文学和美学领域发生"文化转向"。20世纪初兴起形式主义美学思潮,随后分析美学、实用主义美学、心理学美学等科学主义浪潮接踵而至。到20世纪70—80年代,学术界再次对当时的政治、社会、经济、制度、文化、种族等人文主义美学主题产生兴趣。这种"文化转向"是后现代美学的重要特征,关于人类生存危机和命运问题的讨论由此必然进入美学研究领域,为生态美学产生提供了必要条件。

5.3.3 封面图像中的生态美学

(1) 生态美学涉及的元素

生态美学理论建立在对环境元素、物种元素的讨论之上,其中环境元素可以被分类为自然环境元素和建筑元素,物种元素可以被分类为动物元素和人类元素。自然环境的自我生长和生长失衡可能带来的后果,建筑元素中的居民建筑、农工业发展对自然是否产生影响,物种自身演进与生态环境的关系,人类行为与自然生态是否相关……基于这些问题,将含有生态美学元素

---

[1] 米歇尔·福柯.词与物[M].莫伟民,译.上海:三联书店,2001:503.

的期刊封面以图片主体物分为四类，分别是自然环境元素、建筑元素、动物元素、人类行为元素，来阐释图像与生态美学思想的深层次联系，寻找生态自然与科学技术的"平衡点"所在。

（2）自然元素中的平衡

① 自然界的平衡。

2018年8月10日出版的 Science 期刊，以地球上最大的瀑布生态系统——伊瓜苏瀑布，作为这一期的封面图像（图5.32）。画面采取斜对角构图，瀑布占据自左下角至右上角的图像位置，俯视角度拍出瀑布奔腾不息的姿态，夕阳将水流照出一片如霞似赤的玫瑰金色，与天边暖粉色的云朵相映成一片，画面左侧是水

图 5.32　2018年8月10日 *Science* 期刊封面

雾缭绕的瀑布下方区域，几株绿植与右上方远景处的密林遥相呼应。大面积的暖色调和白色、绿色搭配，在构图和颜色平衡中显示出盎然生机。

左上方的期刊名"Science"与右下方的亮点标题"MIGHTY WATERS——A global map of river areas"（强大的水域——全球河流的地图）均为白色，从背景中跳脱出来点明文章主旨：所有的水域都具有强大生命力。Allen 和 Pavelsky 课题组通过卫星图像观测到，河流和溪流相较以前更多了，覆盖了地球上近45%的表面积，这些水体对降低大气中的温室气体浓度的贡献比我们预期的要大，这对缓解人类与水资源相关的危机迈出了重要的一步。

一方面，从生物多样性到经济系统，从食物短缺到城市规划失败，水与我们生活的每一个方面息息相关，在大气圈中循环往复的水资源保证了生态环境的稳定，也为人类社会提供了生存保障。另一方面，卫星图像在研究中的运用也表明科技之于生态的重要性。在关于人与自然关系的争论中，持"人类中心论"的学者认为人类才是值得尊敬的，但事实上，我们应当学会对自然保持适度敬畏，自然对于人类来说永远存在神秘性，且会一直持续下去。

② 异化中的平衡。

1992年，里约热内卢地球峰会上，世界领导人承诺将保护世界气候和生物多

样性。但在随后的20年里,地球生态环境进一步恶化,在第二次地球峰会到来前夕,Jeff Tollefson 和 Natasha Gilbert 课题组在 *Nature* 期刊中以"Second chance for the planet"(地球的第二次机会)作为同年6月7日的期刊封面标题,提醒我们人类正面临巨大危机(图5.33)。

封面背景一片荒芜,远处是焦黑的土地和山火带来的滚滚浓烟,最醒目的是中间蹲地栽种树木的女孩和两颗小树苗,他们以白色线描造型安置在深色背景上,和上方的白色标题文字一道突出中心思想:治理生态环境已到了刻

图 5.33 2012 年 6 月 7 日 *Nature* 期刊封面

不容缓的地步。生物多样性一步步丧失,发达国家的消费模式亦难逃其咎,如果地球得不到第二次机会恢复原状,人类终将自食其果。

马克思生态主义理论提出,社会劳动是一种按照美的规律来建造的活动,但资本主义制度盲目追求经济利益造成破坏,使得人类与自然站到了对立面。马克思将这种对立归为"异化",认为它引发了残酷掠夺,在异化劳动中导致人与自然的关系失去平衡。以带有插画形式的虚拟人物和实景拍摄的自然界相组合,期刊封面在虚实对比中点明生态美学所批判的"失衡"和"异化",再次为世人敲响警钟。

③ 自然与人类需求的平衡。

《周易》作为古代儒家经典,是中国式哲学美学的起源之一,这其中"生生之谓易也"的诗性思维,既是东方式智慧,又蕴含着独特的生态审美观念。无独有偶,2002年4月,在宣告由华大基因研究中心等12个中国科研团队合作完成对水稻基因组测序的成果时,*Science* 期刊就使用极富中国古典美感的稻田航拍图做封面(图5.34)。

图 5.34 2002 年 4 月 5 日 *Science* 期刊封面

秀美的云南红河哈尼梯田,层层叠叠从山腰蜿蜒而上,占据封面四分之三的面积,山顶安置了一间白墙黑瓦房,背景是墨绿色的远田,左下角有一画着稻穗的红色方框,用来突出亮点标题"The Rice Genome"(水稻的基因组),大片明黄色在墨绿和枣红的点缀下典雅而不失活泼。梯田金黄的色泽代表丰收,也暗示科学团队对水稻基因组草图测绘的圆满成功。在西方科研成果占据期刊大半江山的情况下,Science 以带有独特东方自然生态美的哈尼梯田图片做封面,更加说明此次中国科研团队基因测序的意义重大。

我国古代先民以农业为生,又有"民以食为天"一说,因此自然生态对人民尤为重要。《周易·系辞上》云:"生生之谓易也。"[1] "生生"是对万物生长、人类生存和生命繁衍的阐释。人类是自然界的一部分,自然又对人类的繁衍生息提供物质和能量保障,这种自然与人组合成一个整体的观念形成了中国古代以"生生为易"为核心的独特生态审美观,并对解决当下不断扩大的人类需求危机仍有借鉴意义。在全球耕种面积减少但人口持续增加的今天,水稻基因组草图的测定和初步分析有望提高全球粮食产量,这既是我国科学家对解决粮食问题做出的重大贡献,也是在平衡自然生长和人类需求之间的"跷跷板"。

(3) 建筑元素中的平衡

① 生活与生态的平衡。

作为 Nature 旗下子刊的一员,创立于 2017 年 1 月的 Nature Human Behaviour 致力于研究从社会到自然科学中的人类行为。在 2018 年 10 月 8 日出版的 Nature Human Behaviour 中,名为"What works for behavior change?"(是什么改变了我们的行为?)的文章探讨了二阶规范信念——同一社区内他人的信念态度对环保节能的作用。文章中,Jachimowicz 团队通过 211 项随机独立的对照实验和数据分析证实,相较于针对个人信念,向人们展示规范性行为更有利于节能活动的展开。这期 Nature Human Behaviour 封面图片由两栋高层居民楼组成,可以看出,不同于现今居民楼整齐划一的墙体外形,这两栋楼的外墙做出了交错层叠的不封闭阳台,大面积的绿色植物自家中延伸出来,在蓝

---

[1] 刘贤华.周易·系辞上[M].北京:北京时代华文书局,2018:292.

天下郁郁葱葱,充满生机的同时极具开放性和亲切感(图 5.35)。

这样的生态社区现在看来似乎尚未普及,但从人类社会发展的长远角度看,在未来或可期待,尤其是对生态文明的认知达到一定程度时。海德格尔在《追忆》中借用诗人荷尔德林的句子写道:"充满劳绩,然而人诗意地,栖居在这片大地上。"①这实际上指的是人与自然共生共存的和谐关系,这是海氏存在论哲学美学的内涵,也是生态美学理论的出发点。其中"栖居"一词本身便指向人类与自然的亲近关系,需要人类以"做共处者而非控制者"的信念意识看待自然。

图 5.35 2018 年第 2 卷第 10 期
Nature Human Behaviour
期刊封面

让人们了解是什么推动了行为变化,才是解决生态难题的关键。海氏"诗意地栖居"理念契合"生活与绿化均衡发展"的未来城市主题,封面图片的选取已显露端倪。

② 野生与耕种的平衡。

作为传统农业大国,中国自古便有"贵五谷而轻金玉"之说,农业耕种从古至今便关系全人类的命运。20 世纪 60 年代,一场以农业技术推广为主、提高粮食产量为核心的"绿色革命"在亚、非、南美等洲兴起,但这场活动推广中使用的农作物不善使用氮肥,需要以大量使用化肥农药和土壤恶化为代价。付向东和他的科研团队实验后发现,一种名为 OsGRF4 的转录因子对于提高植株氮素利用率大有帮助,并于 2018 年 8 月 30 日出版的 *Nature* 期刊上发表了他们的成果(图 5.36)。

封面图像近景为浅绿色农田,茂密的谷物里站着一个身背稻草的农民;远景是起伏的山峦,暗墨绿色的山坡上长满野草野树。封面正中是白色大写的

---

① 荷尔德林. 荷尔德林诗集[M]. 王佐良,译. 北京:人民文学出版社,2016:513.

"Lean and Green"(精进与绿色),意指农业精益化生产和绿色自然环境并存。

我国当代建设与发展的背景中,既有对传统"先污染后治理"发展模式的反思,又明确了新时代生态文明建设的立足点:以人民群众的根本利益为旨归,同时立足中华民族的生存发展。封面图片看似只是一派简单的山野风光,但一片区域里出现人工种植的谷物和野生植被两类植物,契合了"共生"观、"生态价值"观。结合标题来点明文章主旨,具备独特的生态审美思维。

图 5.36　2018 年 8 月 30 日 Nature 期刊封面

③ 气候与工业发展中的平衡。

2017 年 1 月,英国最大的生物质发电站德拉克斯发电站预计当年他们将燃烧 750 万吨生物质,这些燃料主要是来自美国森林的木球。许多国家将木材列为碳中和燃料,并鼓励使用木材发电,这一举动促进了跨洋木球贸易的繁荣,也引起了环保主义人士的警惕和科学家们的分歧。北卡罗来纳州立大学罗利分校的森林经济学教授鲍勃·阿布特(Bob Abt)解释,相较于煤炭、天然气,木材是一种低碳燃料,对环境污染和气候影响不如人类想象中那么大。

2017 年 1 月 6 日的 Science 期刊封面上(图 5.37),发电厂的几座大型烟囱正向外徐徐吐着白烟,在深蓝色夜空和灯光映照下有如梦幻夜景里的"白云"。图片采取对称式构图,将实物和河边倒影都囊括其中,以图像暗合工业发展和气候改善需要保持平衡之意。

工业作为发展经济和供给日常生活所需的必备产业,在工业革命时代以资源消耗为代价进行生产。建设性的后现代作为对现代的反思和超越,包含对人类掠夺自然、与自然走

图 5.37　2017 年 1 月 6 日 Science 期刊封面

向对立面的反思。1972年联合国颁布《联合国人类环境宣言》，宣告人类进入生态文明时代，生态美学致力于改善人类和自然的紧张关系，因此必须对现代技术进行反思，从靠能源消耗转入靠科技进步的轨道，兼顾生态文明建设与经济发展，实现"共赢"。

(4) 动物生态中的平衡

① "大我"与"共生"。

2017年8月10日出版的 Nature 期刊，以一只停留在花朵上授粉的象鹰蛾（Deilephila elpenor）作为封面图片（图5.38）。粉红色的花朵自封面上方边缘垂下，一只粉橙色的象鹰蛾正停在花蕊处进行传粉，封面最下方三个小标题以同粉色的方框做上下呼应，正中最显眼的则是紧贴飞蛾的金色大写标题"BLIND BY THE LIGHT"（灯光导致的失明）。全黑色的

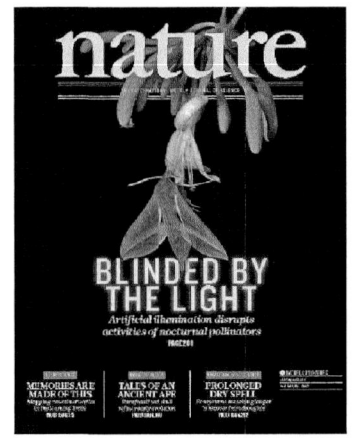

图5.38　2017年8月10日 Nature 期刊封面

背景无一丝装饰，既突出了图片主体飞蛾与花卉，又与标题中的"light"形成鲜明对比，这帧封面的图像以对比强烈的色彩表现文章主题：Eva Knop 课题组在瑞士的农场上进行试验证实了他们的想法——人造光污染超出传粉动物可承受的范围，对物种和与之相关的传粉植物造成伤害。

人对自然的亲和度和审美心态是人类本性的重要体现，对人的关爱传递到其他物种，是仁爱精神在生态领域的延伸。当代生态理论提出"大我"与"共生"的人文思想，反对破坏自然规律和危害其他物种的行为，这既是对人类当下的关怀，也是对人类命运的长久关怀。但在"人类中心主义"已经终结的今天，仍然存在人类对动物的伤害行为，Nature 期刊将封面位置留给这篇研究报告，表达了科学期刊对人类肆意打乱生态规律的谴责，呼吁人类减轻对其他物种生存平衡的破坏。

② 生物平权。

西方现代生态学领域正面临一个问题：生态权利问题，即"权利"是否只是人类社会特有的概念，自然界其他物种是否有生态权利？2018年1月26日出

版的 Science 期刊的封面或许能给出答案（图 5.39）。

图片整体色调呈赭石色，黄褐色的土地高低不平，支撑房屋的木杆歪斜着自图片下方伸至屋顶，小巷道里亮着一盏灯泡作照明之用，图片上所有元素都在向我们展示一个条件艰苦的热带人居环境，除了巷道里那只印度花豹。它杏黄色的皮毛上遍布黑色花斑，伸出前肢朝着镜头方向走来，面对周围环境毫无惊慌，不仅在外形上和周遭融为一体，甚至在精神状态上都透露出熟悉感。封面右下方的亮

图 5.39　2018 年 1 月 26 日 *Science* 期刊封面

点标题"No room to roam"（没有漫步的空间了）和正行走在人类领地的花豹放在一起，令人触目惊心。

直到 20 世纪，野生动物的生存还相对不受限制，它们的迁徙对生态进程做出了重大贡献。随着人类不断改变自然栖息地，自然界的动物的活动受到了限制。Marlee A. Tucker 和 Katrin Böhning-Gaese 课题组利用 GPS 定位研究了 50 多个物种的活动领域，发现在人类足迹相对较多的地区，哺乳动物的平均活动范围只有在人类足迹较少地区的一半到三分之一。这不仅对物种生存和生态系统功能产生了影响，还可能通过限制营养物质的流动和改变生态相互作用产生更广泛的影响。

动物运动是生态系统功能和物种生存的基础，而人类逐步扩大活动领域对它们的生存造成威胁，不仅否定了动物个体的生存权利，也破坏了生态哲学家的万物平等主张。奥尔多·利奥波德在《沙乡年鉴》中提出"生态共同体"这一观念，他认为土壤、空气、水、植物、动物等组成了一个"生物金字塔"，每个元素在其中都是平等的一员，"土地伦理是要把人类在共同体中以征服者的面目出现的角色，变成这个共同体中的平等的一员和公民"[1]。由此可

---

[1] 奥尔多·利奥波德.沙乡年鉴[M].侯文蕙,译.长春:吉林人民出版社,1997:204.

见,自然的生态权利不是人类社会的特权,动物在生活于各自栖息地时,与周围生态环境存在有机统一的关系。

(5) 人类行为中的生态平衡

① 心理健康中的生态平衡。

车尔尼雪夫斯基在1855年出版的《艺术与现实的审美关系》中倡导"美是生活、是健康地活着"这一命题:健康而充满活力的生命就是美的,这种和谐、健康的状态往往是外界环境和人类个体协调平衡的结果。

在讨论气候变化对人类福祉的影响时,心理健康往往被排除在外。*Nature Climate Change* 在2018年4月8日出版的这一期中,精选了一系列探讨气候变化可能影响心理健康的不同方式,并强调未来研究方向的重要性的论文。山火、飓风到夏季高温等气候变化,都会造成损失或创伤,例如2017年9月飓风玛利亚来袭,加剧了波多黎各因贫困和家庭分离导致的精神疾病状况。科学家海伦·L.贝瑞(Helen L. Berry)和她的同事认为,极端天气变化会对心理健康产生短期或长期影响,面向个人和全体人口层面的调查对于制定策略以应对气候变化对心理健康的影响尤为重要。

值得注意的是,这期的封面上摆放了一棵被修剪成双面人头造型的树木,树木从中一分为二,左半边枝叶繁茂,右半边则只有光秃的树杈,没有半片绿叶。和树冠状态一致的是这棵树脚下的土壤:左半边的土地呈现绿色,一片肥沃;右半边的土地则是贫瘠干涸的暗黄色。在这张图上,土地代表自然气候和生态环境,人头树代表人类个体的心理状况,以不同土质上的树木长势喻示了自然气候对人类心理健康起到同样作用(图5.40)。

图 5.40 2018 年第 8 卷第 4 期 *Nature Climate Change* 期刊封面

作为形成生态审美意识的主体,人和自然环境的依存关系与人的心态息息相关,心境是活动形式和审美动机的契机,也是产生生态美的主观要素之一。这幅封面图片别具创意,用树木造型将生态要素与人类心理巧妙融合,给读者留下深刻印象的同时点明"生态对维持心理健康平衡的重要性"。

② 人类族群中的生态稳定。

2018 年 7 月 30 日出版的 Nature Human Behaviour 刊载了帕特里克·罗伯茨(Patrick Roberts)和布莱恩·斯图尔特(Brian A. Stewart)两位学者的研究成果,他们猜测人类通过独特的"通才专家"生态位在自然中找到合适的生存尺度,从智人最终成为古人类并生存下来。

封面构图采用图像叠加法,底层选取四种地球上最具代表性的景观:蓝天、荒漠、雪原、丛林,四种景观各占画面的四分之一,从上至下铺陈,色调上为蓝—橙—蓝白—绿,颜色鲜明而具有视觉冲击力。上层图像是一张全侧面人脸,但仅仅勾勒出轮廓,轮廓之外的部分颜色暗沉一度,反衬出轮廓内透明的人头造型。白色封面的关键词是"The generalist specialist"(通才专家)正好处于人头的大脑位置,向读者传递着文章的中心思想:在古人类进化过程中,我们的物种开发出一个新的生态位,即"广狭适"生态位。它不仅帮助人类占据和利用多种环境,还专注于适应这些极端环境中的某些情况(图 5.41)。

图 5.41　2018 年第 2 卷第 8 期 Nature Human Behaviour 期刊封面

人类在多种生态环境中的适应阈扩大,标志着人类族群的进化,也标志着人类与环境进入和谐共生的新阶段,从此人类与自然万物紧紧相连构成"世界"这一概念。这张封面图片以图层垒叠、明暗度对比的表现形式揭示了生态美学思想:当一个事物有助于维持生物共同体的平衡稳定时,它就是正确、美丽的。

5.3.4　生态与科技的动态平衡

(1) 人类与生态的平衡

自文艺复兴时期以来,"人本思想"就在文化、哲学思想领域占据主流地位,工业革命时代的"人类中心主义"观也伴随工业文明一道在历史长河中掀起波澜。此二者都将人类置于自然之上的统治地位，认为人类是一切的中心，对自然资源和万物都有绝对统治权。

在人类由工业文明向生态文明迈步的路上产生的生态美学，则主张一种"包含生态维度的美学观"，不同于"人类中心主义"，也有别于达尔文提倡的"生态中心主义"，这种美学观视人类与自然为平衡态的两端，并形成循环的平衡有机整体——这一平衡的形式本身就具备审美价值，是物种生存和自然发展的统一。

作为地球上繁衍进化的高等智慧物种，人类来自于自然，衣食住行、生存发展都离不开自然环境和自然提供的资源。一方面，自然是人类的生命源泉，也是人类安享生活的有力保障，可以说，离开自然界，人类的生命体系和价值体系将不复存在；另一方面，自然作为承载人类生命的大家园，具有环境价值和消费价值，但其本身不具备思考能力和意识形态，离开人类社会的自然本身也没有独立"精神"一说。

生态存在美学观主张人类与自然是不可分割的生命体系，由此形成"生命平等对话"的状态，在茫茫宇宙中，人类和自然应当相互尊重，互为依靠。

(2) 环境与科技的平衡

"环境"的概念里包括社会环境、自然环境等，指围绕在某一事物周围并对其产生影响的外界客观存在。此处的环境指自然环境，是包括土壤、大气、水、微生物、动物、植物等物质元素在内的一切自然因素的统称。由于生物与生物间、生物与周围环境间的联系是生态整体的基本组成，因此作为相对于人类主体而存在的自然环境，在生态美学的研究探讨中不可或缺。

"科技"一词，是"科学"与"技术"的统称，二者间既有联系，又相互区别。科学探索未知领域，将自然界中的事物与现象相联系并建立理论；技术多做规划，在切实可操作的领域解决实际问题，将科学成果投入应用。作为工业革命以来人类进步的最大生产力，科技极大地增强了人类认知自然、利用自然的能力，甚至一度对自然造成过严重的掠夺和破坏。

科技本身只是人类"探索未知而延伸的手臂"，在本质和存在方式上不存在正负倾向性。但不同主体操纵的科技却有明显的价值取向，既可能造福人类也可能危害人类。例如作为发电站的核能能满足人类用电需求,作为战争武器的核能杀伤力巨大,因此我们要辩证看待科技对环境的影响。一方面,要引导科技对环境进行还原、重塑;另一方面,对滥用科技危害自然环境的行为予以谴责和约束,倡导科技与自然、人类社会发展与生态环境平衡都达到和谐统一,以科学技术的进步致力于生态改善和生态美学的研究。

(3) 艺术性与科学性的平衡

生态美学理论的研究对象是对生态系统的审美,当研究者试图以直观方式传递审美思想时,图像成为最佳选项之一;当科学期刊试图在具备科学性的同时展现自身良好艺术趣味时,图像依旧是最简明高效的方式。因此,科学期刊刊载研究生态美学相关文章时,封面成为集艺术与科学于一身的平台,无论分析摄影图片的构图、色调、光影变化,还是封面图文位置的排版,无一不在体现科学期刊对艺术审美与科技元素的平衡,它的背后亦是艺术性与科学性相辅相成的见证。

5.3.5 总结

一份优秀的科学期刊除了能作为严肃学术研究的载体和传播途径,还应能驾驭好科学性与艺术性两个维度。一方面,以具有生态美感的图像和相关论文标题作为封面亮点,改变了科学期刊以往高深、专业性强的姿态,拉近普通民众与科研前线的距离,使得更多读者从心理上对科学期刊产生兴趣进而进行阅读;另一方面,在主打"科技"元素的科学期刊上刊载生态美学论文,突出了科技之于生态美学的重要意义。最关键的一点是,从科学期刊的封面中,发现生态美学的深层内涵,有助于人类重新思考人与自然关系、自然与科学的关系,加快生态文明建设的步伐。

从"人类中心论"到"人与自然不可分割",生态存在论美学思想走向了追求人类与自然和谐统一的动态平衡状态之路。作为人类手中的"双刃剑",科技应当在改善二者关系中起到正面、积极的作用,从而生发新式生态审美观,使得美学理论更具有整体性和建设性。科学期刊封面中高频出现的具有生态美学内涵的图像,是这一主旨思想的直观体现。

第六章
前沿科学成果中的"中国元素"图像

6.1 "中国元素"的内涵与外延

随着中国经济的快速发展,中国的科技、文化与艺术也随之发展。作为文化产业范畴的期刊封面设计面临文化与经济"共谋"的现状。

中国的科学期刊既承载着传播科学的重任,同时也起到弘扬国家传统文化的传播作用。"在书籍封面中介入传统元素,其背后反映的是受众对于传统文化和传统美学的默认和肯定,也反映出受众消费心理越来越受审美因素影响的趋势。"[1]因此,中国元素的应用,在科学期刊封面设计中具有重要的作用。

在2008—2016年西文期刊全文数据库JSTOR与Web of Science收录的数据中,输入关键词"top scientific journals; Chinese elements; inspiration; cover pictures design"进行检索,没有出现与科学期刊封面中国元素有关的论文,说明目前西方学界对这一领域未进行深入的研究。

根据中国知网收录的有关"科学期刊封面"的论文总计96篇(截至2016年12月28日),没有任何一篇论文对科学期刊封面含有中国元素的问题进行探讨,仅有6篇论文分别对于SSCI期刊、书籍封面中应用中国元素的问题略有提及。目前,中国学者对科学期刊封面的研究,呈现以下趋势:

① 以艺术学方法研究科学期刊封面图片[2][3]。

---

[1] 钱昱霏.书籍封面设计中传统元素的介入价值[J].河北北方学院学报(社会科学版),2015(2):92-94.
[2] 崔之进.世界顶级科学期刊封面艺术学研究及对我国的启示[J].中国科学期刊研究,2016,27(2):136-141.
[3] 崔之进.世界顶级科学期刊封面装帧图像学研究[J].编辑之友,2016(1):84-87.

② 研究某个具体学科门类的期刊封面特征[①]。

③ 研究某个具体科学期刊封面[②]。

虽然国际顶级科学期刊 *Nature*，*Cell* 编辑部在封面设计中曾使用过中国元素，但总体数量不多，无法引起学界的关注。因此，在国际范围内，很少有学者关注科学期刊封面设计中含有中国元素的研究。而且针对国内科学期刊封面设计研究的成果也较少，可见国内期刊研究者们对封面设计研究的关注度比较低。

国际、国内学界对于中国元素在科学期刊封面中的应用关注度不高，这正为本章的研究打开了一扇门。研究世界顶级科学期刊封面中的中国元素的问题，只是表层原因，深层次原因是为了研究中国科技如何通过媒介传播平台，强势输入国际市场，同时传达中国文化精神。这个问题的研究对如何提高中国元素的艺术性，以及在世界范围内以文化艺术的途径有效传播中国科技成果具有重要的作用。

"元素"原本是化学领域中的概念：具有相同核电荷数的同一类原子的总称。"中国元素"指具有中国民族特质的元素，例如中国文字、中国绘画、民族图案、民族工艺等。"凡是被中国人（包括海外华人）认同的、承载着中华民族传统文化价值和精神内涵，并体现国家尊严和民族利益的形象、符号、艺术形式或风俗习惯，均被视为中国元素。"[③]将中国元素应用在科学期刊封面设计中，是表达艺术个性美的重要方法。

6.2 "中国元素"的类型与区分

"优秀的科学期刊总是能同时驾驭好科学性与艺术性这两个维度，而不仅仅是一种严肃、庄重的学术传播载体。科学期刊通过封面上的图形、色彩

---

① 霍宏. 对科技期刊封面设计的基本规则和发展趋势的探讨——以《核技术》封面重新设计为例[J]. 中国科技期刊研究，2013，24(4)：818-821.

② 王海燕，杨素红. 科技期刊封面图片的获取——以《物理》为例[J]. 中国科技期刊研究，2015，26(8)：842-845.

③ 刘星河. 中国元素：提升中国影视广告的文化品质[J]. 中国广告，2009(7)：114-116.

等刺激读者的感官,进而给人以美的享受和心灵的震撼,使读者产生进一步阅读的欲望,这就是封面设计艺术的魅力所在。"① 设计团队以中国元素赋予期刊封面中国精神。展示中国顶尖的科研水平,向世界传播中国文化与中国人的科研精神。笔者收集了 2013—2016 年,中国科学家发表在世界顶级科学期刊 *Nature*,*Science* 和 *Cell* 期刊上的封面图像,进行了对期刊封面包含中国元素的研究。

(1) 中国水墨元素

当下,封面设计的"本土化"与"全球化"领域,是期刊封面设计的热门话题。在全球一体化的背景下,设计师在全球化与民族化、一体化与多元化之间扮演文化沟通的使者身份,他需要做的是正确理解本土文化和全球文化的互动关系。水墨元素作为中国传统文化的象征符号之一,应用在科学期刊封面设计中,不仅创造了意境美,更加成为一种经典的视觉符号,向世界传递中国的传统文化与最新科研成果。

例如,2015 年 12 月 17 日出版的 *Cell* 期刊封面(图 6.1)是一幅中国古代山水画。从封面的构图与用墨特征来看,形似中国元代风格的山水国画。中国元代的山水画在画史上具有承前启后的作用,特征是追求古雅、抒情,具有"具象"与"抽象"结合的审美特征。此幅作品采用平远构图方法,近景为高山数树,中景为湖面,远景将数座山峦提入画幅的左前端,颇具元四家之一倪瓒独创的"一河两岸"的典型构图方法,使画面具有辽阔深远的艺术效果。

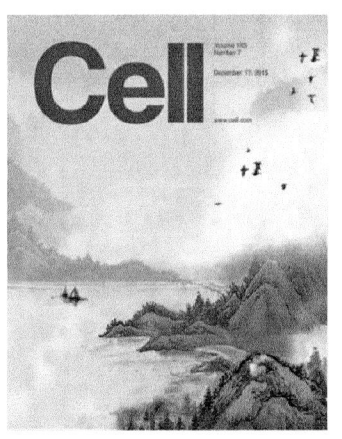

图 6.1　2015 年 12 月 17 日 *Cell* 期刊封面

这幅以中国古代山水画为母题的封面,旨在报道北京大学邓宏魁和赵扬研究组的研究成果"A XEN-like State Bridges Somatic Cells to Pluripotency during Chemical Reprogramming",封面图像为类似胚外内胚层细胞的一个中

---

① 刘岭.国内科学期刊封面设计的视觉传播研究[J].东南传播,2015(4):121-122.

间态。这幅山水画中,山顶表示为体细胞状态、胚外内胚层样状态和多能细胞状态;连接山顶的小桥表示为小分子,用于促进各山顶之间的横越;转基因方法以湖面船只表达,用以实现重编辑。

这期封面以中国的传统山水画为载体,让受众欣赏到古雅、深远的意境之外,巧妙地将科学原理孕育于山水画各元素之中,向世界传播中国科学家的最新科研成果,是一幅成功地将科技美与艺术美有机结合的封面设计。

(2) 中国文化元素

2015年6月4日出版的 *Cell* 期刊封面(图6.2)为中国古代图腾——玄武。玄武是龟与蛇的形象之和。封面图片中的龟蛇同体中的龟壳中心含有一个带红圈的红心,象征在遗传信息的传承中,生殖细胞的重要作用,以此揭示有性繁殖在哺乳动物维持完整的生命周期中起到的作用。

本期封面阐释了北京大学汤富、乔杰研究组的研究成果:人类原始生殖细胞的转录组和DNA甲基化组概观(The Transcriptome and DNA Methylome Landscapes of Human Primordial Germ Cells)。封面图片阐释了人类多个发育阶段原始生殖细胞(PGC)的转录组和DNA甲基化组,由此揭开人类原始生殖细胞不同于小鼠原始生殖细胞的神秘面纱。

① 中国汉字元素。

2015年3月12日出版的 *Cell* 期刊封面(图6.3)以卡通画的形式,在封面中勾画出大大的汉字"田",并将一位耕种耐寒粳稻的农民放置在"田"的左上角区域进行构图,阐释了中科院植物所种康、中国水稻研究所钱前研究组的研究成

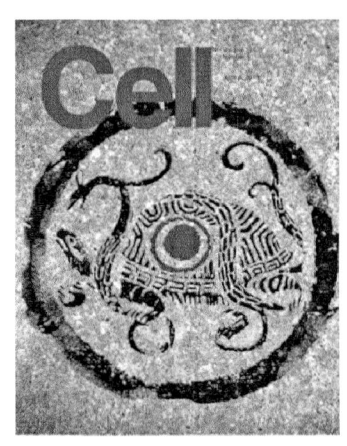

图6.2 2015年6月4日出版的 *Cell* 封面

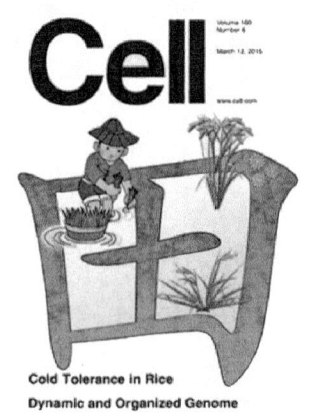

图6.3 2015年3月12日出版的 *Cell* 封面

果:水稻感受低温的 QTL 基因 COLD1 及其人工驯化选择的单核苷酸多态性(SNP)赋予粳稻耐寒性的新机制。这一发现为世界水稻种植技术又提供了一项新技能。

② "中国娃娃"元素。

时代精神是中国传统元素反映出的重要的设计内涵,应时性即为时代精神的体现。在不同的时代,中国都具有代表所处时代的传统元素,每个时代的设计元素都有时代精神。时代精神是融合这一时期整体的政治、文化、艺术、思想形态和审美特征。2013 年 5 月 23 日出版的 *Cell* 期刊封面图片(图 6.4)采用"中国娃娃"与"中国红"元素以及"跷跷板"阐释了中胚与外胚层基因在重编中相互平衡的关系。图片右手边被高高翘起的女娃娃代表外胚胎,左边坐在跷跷板上的男娃娃代表中内胚胎,画面中翘起的跷跷板寓意科学过程的同时,也为封面的构图带去变化,使其具有运动态势。

图 6.4 2013 年 5 月 23 日 *Cell* 期刊封面

科技在发展,艺术也在随之发展。"对于科学期刊来说,发表最新的科学研究成果、传播科学知识是其核心职能,加强与人文艺术融合是科学期刊封面设计的重要方向,这种融合能够打破单调、枯燥、冰冷的科学期刊封面形象。"[1]封面设计师要与时俱进,采用新鲜的艺术样式来展现前沿科研成果与时代精神。

近代,漫画在中国的发展缓慢,直到 21 世纪,漫画才主要盛行于网络,画风模仿日本,难登艺术高校的大雅之堂。然而,2013 年 5 月 23 日出版的 *Cell* 期刊封面(图 6.4)以漫画的形式表现了两位梳妆为中国特色的娃娃形象正在玩跷跷板,以仍未完全被归为艺术门类的漫画形式为载体描绘中国娃娃形象、传播中国科研成果,这本身就是一个新鲜的尝试。

---

[1] 周华清.科技期刊封面科学与人文融合设计——以 *Cell* 系列期刊为例[J].中国科技期刊研究,2016,27(10):1028-1035.

③"当代中国"元素。

2013年3月15日出版的 *Science* 期刊封面图片(图6.5)反映的是2003年 SARS 爆发高峰期在北京街头抓拍的一个掩面女性的照片。本期有两篇新闻故事(第1264和1269页)以及一篇视角(第1287页)专门描述了当今世界面对致命性新病毒时究竟发生了哪些事情,并且也给我们留下一个大大的问号:"今天的我们现在是否做了更好的准备?"

当代的科学,甚至是表现科学主题的期刊封面设计,都开始关注老百姓的生活,"广接地气",不再是以往"高、大、上"的形象,而是立足于应用科学技术,呼吁将人民从病毒与灾难中解救出来。

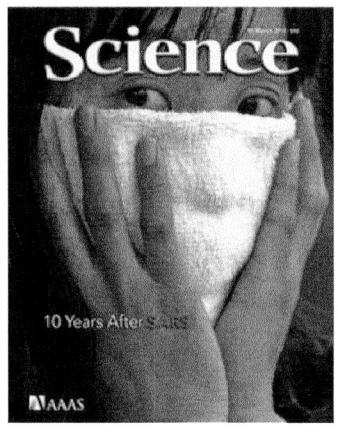

图 6.5　2013 年 3 月 16 日
Science 期刊封面

图 6.6　2016 年 6 月 24 日
Nature 期刊封面

(3) 中国科技元素

2016年6月24日出版的 *Nature* 期刊封面中(图6.6)包含一组中国科学特辑,着重关注中国近期的科研发展之路。直至今日,中国科学家发表的研究论文数量排名世界第二,每五篇全世界范围内引用率最高的论文中,就有一篇会出现中国科学家的名字。虽然中国学术论文的影响力提高很迅速,但仍具有很大潜力和进步空间。中国领导人意识到这个问题,并逐步增加科学和技术的资金投入,重点进行刺激创新。

此期封面图片的背景是中国科学在化学、生物以及航空领域的发展,如一个大的双口烧瓶中包含有中国的龙图腾缠绕着火箭的发射,左下方的细胞简图体现中国在生物学领域的发展,右侧锥形瓶中包含有信息学的简图,以及两支试管中分别装有微生物学以及植物学的标本。此期封面图片应用中国元素,充分体现了当代中国科技的迅猛发展,以及在世界范围内的重要作用。

6.3 "太极元素"元图像的自我指涉

"元图像"即图像的图像,元图像在自我指涉的过程中,并不依靠语音系统表述含义,而是通过图像本身建构理论体系,进行表达。"太极元素"中的元范畴表述了代表刚与柔、动与静、祸福、形神等宇宙万物的统一范畴,是太极观中最能表现宗旨的概念。

太极图(图 6.7)又称双鱼图,因形似两条黑白双色的鱼,相互追逐缠绕而得名。图像外形为正圆,内部由一道反"S"形曲线分割为两个部分,白色部分中包含一个黑色圆形,黑色部分中包含一个白色圆形,在图形上呈现中心对称的特征。

图 6.7 太极图

中国传统文化中,太极图具有信仰、占卜等含义,哲学、自然、美学、社会学等领域,对"太极"符号有不同的解读。在索绪尔符号学中,符号是一种携带意义的感知,而意义也需要用符号才能表达。在科学期刊封面图像中出现的"太极"便是携带意义的符号。研究"太极"符号与科学、自然和谐、宇宙融合之间的关系;以中国传统文化元素为媒介,探寻"太极"符号的形式美感,有助于向全世界传播前沿科学成果。

6.3.1 太极图像的诞生与含义

(1)"太极符号"的诞生

最早出现"太极符号"图形及文字记载,是我国的《庄子》与《周易》。太极图发展至宋朝,《宋史·朱震传》中记载"陈抟以先天图传种放",所谓先天图也称乾坤图,就是后来衍生出来的太极图。陈抟是中国最早使用太极图的人,但太极图是否由陈抟创造,却没有明确的记载。因此,太极图的创造时间在学界的研究中一直存在很大争议。

近期,有研究者提出太极图诞生于西方国家,原因是公元前4世纪到5世纪的《罗马百官制》中,罗马军团使用的盾牌(图6.8)上有一个图案,形状非常接近太极图,使用的时间早于陈抟所处年代。另外,在南美洲玛雅遗址出现的图案中,图6.9a图像近似于太极图,玛雅文明兴盛于公元前15世纪,也早于陈抟所处的宋朝。图6.10图像是欧洲特里波耶文化遗址出土的文物,文物的表面也有近似太极图的图形装饰,特里波耶文化出现在公元前5200年到公元前3500年,位于以摩尔多瓦为中心的地区,这个区域包括今乌克兰西部和罗马尼亚东北部地区。

图6.8 罗马士兵盾牌上的太极图

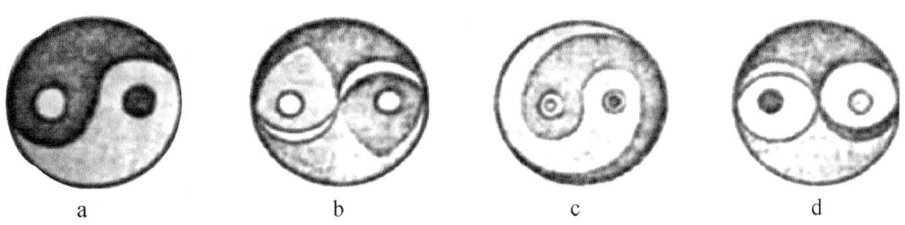

图6.9 玛雅遗址太极图

西方国家出现形似太极图像的时间早于中国,但是赋予太极符号内涵与精神的,是中国的传统文化。在符号学中,符号具有"实用性"和"非实用性",西方"太极图像"赋予太极图非实用性的意义,即艺术意义,而在中国精神架构层面,则赋予"太极图像"实用性意义。一个有意义的符号必然需要"实用性"意义,因

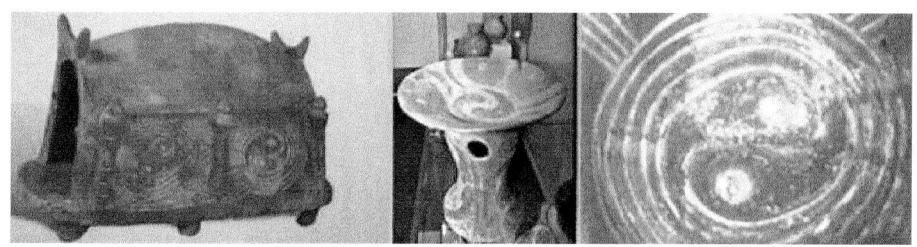

图 6.10 特里波耶文化中的太极图

此,太极图像自从在中国生发以来,经过几千年的发展变化,逐渐成为具有中国文化内涵的符号样式。

(2)"太极符号"的"能指"含义

现代语言学之父索绪尔提出"能指"概念:表达语言意义的文字、声音、形象,"所指"则是语言本身的含义。中国北宋理学家周敦颐在《太极图说》中指出:"无极而太极。太极动而生阳;动极而静;静而生阴,静极复动。一动一静,互为其根;分阴分阳,两仪立焉。"[1]"太极符号"的能指意义,在于阴阳二者之间的互融互斥,所指意义是以宇宙本源万物为根本的大自然和谐共处。

《庄子》提出的"太极"思想是儒、道两家融合结出的硕果,《易经》中载有"是故《易》有太极,是生两仪,两仪生四象,四象生八卦";宋代理学家认为"太极"代表"理"。从《周易》到《庄子》,太极为根、多样统一;再到阴阳相较,看似互不相关却又互相牵制,太极是矛盾体又是融合体。西方通常认为太极有回归中国道教太极之意,当代使用太极图的符号,或多或少都引用中国太极源于自然、融于自然的意义,寓意环保。

国际科学期刊封面图像中应用"太极"元素,旨在通过"所指"阴阳矛盾制约,又有融通之意,体现世界环境保护、维持生态平衡的含义。

6.3.2 "太极符号"的"所指"含义

(1)"阴阳和谐"的"所指"含义

---

[1] 赵毅衡.符号学[M].南京:南京大学出版社,2012:39-41.

《易经》中指出,"一阴一阳之谓道",其中"一阴一阳"是表明实物在阴与阳相互作用下及变化与发展的状态过程中,必须按照一定的规律进行,只有阴阳相推、相互转化、相互制约、相互作用、互补互生,事物才会发生变化从而促使其前进①。将包含"阴阳和谐"的"太极符号"运用在科学期刊封面图像中,与揭示自然和宇宙相互促进关系的科学主题契合。

2004年7月出版的 *Angewandte Chemie International Edition*(图6.11)期刊封面图像是一个由太极图构成的图形,图中的两极分别为橙黄色和蓝紫色,太极分界线由化学名称构

图 6.11　2004 年 7 月
Angewandte Chemie International Edition
期刊封面

成,这一构图使化学元素结构图像更加生动。封面图像改变了传统太极图的黑白配色,强调色彩冷暖对比,使视觉效果更为鲜明饱满,与太极图传递的阴阳之意匹配。

《易经》指出,阴阳是阴气和阳气。中国古代哲学认为,万物宇宙或大自然中实际存在着某种气,分为阴气和阳气,二者相互依赖,相互为用。明不离暗,暗不离明,就是阳不离阴,阴不离阳,阴阳相异而和谐统一。

L. Jiang 课题组提出的超亲水性和超疏水性是相反的润湿性,类似于太极图中阴阳二气相互制约、相互作用的关系。科学实验通过表面的化学改性和表面粗糙度的组合,热诱导表面性质之间的可逆转换。研究者表示超亲水性和超疏水性基本上是相反的润湿性,同太极阴阳传递的相互共通、促其前进的理念契合。

2004年12月出版的 *Angewandte Chemie International Edition* 期刊封面图像阐释(图6.12):通过碳水化合物配体的可逆性,重新定向细菌黏附转换为糖基化表面——细菌(以绿色显示),具有凝集素型附属物,以黏附于糖基化表面的功能,例如宿主细胞的糖萼。A. Terfort 和 T. K. Lindhorst 课题组使用

---

① 杨天才,张善文.周易[M].北京:中华书局,2011:571-573.

光可切换的偶氮苯糖苷单层作为糖萼模型。碳水化合物配体的取向，通过偶氮苯铰链的光化学 E/Z 异构化来控制，以解决细菌细胞结合或不结合为碳水化合物配体取向的问题。研究中把碳水化合物识别图以黄色、橙色，这两种类似色区分在左右两个区域，形状为太极图的阴阳两极。

碳水化合物相互结合，恰好与太极阴阳之间相互排斥又相互融通的理念结合起来，契合太极阴阳图中蕴藏的"道自存在"的理念："相生是相生亦会相克，相克是相克亦会相生；道不会僵化，自有变化，变不会失序，自有规律；无终无始，生生不息。"封面图像将生物学中抽象的"双向转换"概念与"能量守恒"关系，用象征图像语言呈现出来，也是借"阴阳结合"的完满寓意，祈愿后续研究取得进展。

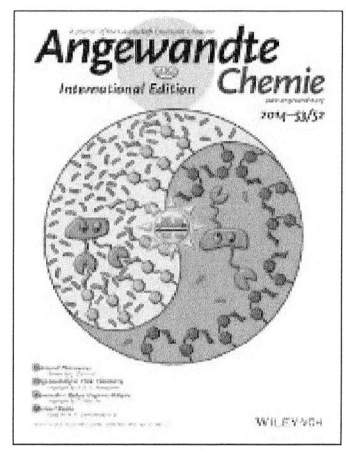

图 6.12　2014 年 12 月
Angewandte Chemie International Edition
期刊封面

2007 年 10 月出版的 *Angewandte Chemie International Edition* 封面图像（图 6.13）为蓝色和绿色区域组合形成的太极图的形状。图像中太极图案的阴阳两端分别代表两种能量，两者属性相异，但又能相互转换。

T. Friščić 课题组的科学实验阐释：通过使用同步加速器 X 射线粉末衍射实时和原位监测研磨反应的技术，应用在合成和转化药用

图 6.13　2007 年 10 月
Angewandte Chemie International Edition
期刊封面

有机共晶体；阴阳两极最终合成、转换后，形成统一性，从而促进研究的发展。相互合成和转换药用有机共晶体，关于实时原位粉末 X 射线衍射监测药物共晶的机械化学合成，即通过机械研磨或研磨诱导、维持的化学反应，与机理的理解水平交叉形成对比，传递出太极阴阳相辅相成的概念。

(2) "气韵"的"所指"含义

在中国传统哲学中,"气"代表宇宙万物(人与自然、社会)为一体的概念,它不同于具体的物理上或者是人类精神方面之中的"气体"或是"气质"①。气是运动的,"气"在美学中的演变,是从哲学生发,由宇宙万物中的"气",到艺术形象上"气"的演化过程。例如,中国画讲究传神,气韵生动、形神兼备。在科学图像中,气韵既具有中国水墨画韵味的文人气质,也拥有气韵之间的变幻之意。"气"作为宇宙万物中皆可转化的对象,具有人与自然和谐共处的融合之意,又有中国水墨画中文人精神的气韵之美。

前沿科技井喷式发展的时代中,太极被赋予独特的时代内核。2018 年 6 月出版的 *Angewandte Chemie International Edition* 期刊封面图像中(图 6.14),类似太极的双鱼图形由两条水墨鱼组成。双鱼身上出现的蓝白色碳键,状似鱼鳞,强调了中国绘画中太极的气韵形式,体现了循环往复的和谐美感。

X. Bi 课题组阐释:重氮化合物催化剂选择性插入 1,3-二羰基物种,在 AgOTf 存在下,重氮化合物选择性地插入 C(=O)—C 键中,得到具有全碳 α-季铵中心的 1,4-二羰基产物,另一

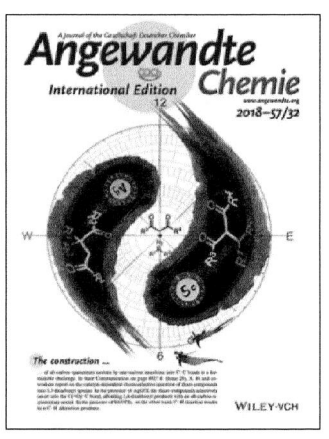

图 6.14　2018 年 6 月
Angewandte Chemie International Edition
期刊封面

方面,在 Sc(OTf)$_3$ 存在下,C—H 插入产生 α-C—H 烷基化产物;催化剂选择性正式插入重氮化合物成 1,3-二羰基化合物的 C—C 或 C—H 键,通过一碳插入 C—C 键构建全碳四元中心是一项艰巨的挑战。研究中运用大量黑色的碳元素,而中国水墨画中也使用黑色墨汁,非常有趣地以"墨汁双鱼"比拟了黑色碳碳键实验。

以上封面图像都是以"太极元素"的"元图像"进行对比,以科学图像自身的逻辑为基础产生图像自身建构出来的含义,同时为科学家带来审美思维的

---

① 杨成寅.太极美学[M].上海:学林出版社,2017:5-6,23,29,182,596.

启发。

6.3.3 总结

中国五千年文明孕育的太极图像以其深厚的文化内涵,从太极阴阳之间的矛、太极气韵的多样统一性、太极元素中的"元图像"指涉,为太极符号增添了一份气度和神韵。科学图像中应用"太极符号",能够展示太极图的艺术价值和科学内涵。

太极符号具有中国传统文化符号的特征,通过国际科学期刊封面图像发现中华文化之美的同时,也能继承和发扬中国的民族文化与时代精神,向全世界传播中国的前沿科学成果。

6.4 "CNS"期刊封面中的中国画图像增殖

6.4.1 研究背景及对象

进入后现代社会,"读图"逐步取代阅读文字成为大众认识世界、改造世界的手段,图像增殖为这一审美文化的主要现实,为在审美文化范式转型的浪潮中谋求生存空间,以期刊为主要组成的纸媒亟待改革。科学期刊因其高度的专业性和指向性,难以适应后现代社会中人们的审美取向,从而使在其上刊登的前沿科研成果"明珠蒙尘"。在国际科学期刊中,"CNS"期刊(*Cell*,*Nature*,*Science*)以其在国际科学界上的高知名度和影响力而著称。

2018年的SCI影响因子报告显示,*Nature*,*Science*,*Cell*分别排在第11、13和25位,SCI的数据在国内科研领域具有高权威性,是科研人员进行绩效评估、评国家级科研大奖、评职称等的重要指标。20世纪80年代末,南京大学首先引入SCI科研评价体系,到现在,国内各大高校均以SCI的数量和影响因子作为学校科研水平的象征。"例如:上海交通大学规定其机械学院的博士需要发表至少两篇以上的SCI;清华大学要求申请同等学力的博士至少两篇以上的SCI;同济大学对于拥有一作SCI的申请博士的同学,可以放宽其申请博士时的英语成绩。"①从而可知在 SCI 影响因子报告中位居前列的"CNS"期刊对国内科研领域的重要性。

"CNS"期刊在国际科研领域内的盛誉与它们在对前沿科研成果的呈现和传播方面的高超水平互为因果,"CNS"期刊在封面上应用的"Cover Story"(封面故事)机制是期刊提高科研成果阅读量、推进科研成果传播的一个重要手段。

"封面故事"机制是期刊在封面上介绍一篇或多篇同一研究方向下的论文,以图像和文本结合的形式呈现论文中的科研成果,且每一期都不相同。这一机制将科研成果视觉化、艺术化,大大提升了期刊的可观赏价值,使期刊内容获得广泛关注,提升了期刊传播效率。

阿莱斯·艾尔雅维茨在《图像时代》一书中指出,"图像正在成为后现代社会最日常的文化现实",认为"后现代社会的最大特征就是图像统治"。雅科布逊认为,每个时代的文化中都有某种主导性,意为"在不同时代的文化中,某一方面的文化要素占据主导地位,而其他要素则相对处于次要地位",后现代主义的主导文化则是一种影像文化。

从时间概念看,后现代是现代性之后的一段时期;从具体表现看,受日趋完善的工业文明、资本主义的影响,后现代社会"抛弃了排外主义,不再声称自己是唯一独尊的,或唯一的真理;而是考虑到各种不同的观点、不同的价值观念……"后现代并未全然背离现代性,否则无法迅速获得拥护,其概念中仍存在传统的、已确定的部分,而未确定的部分则由大众文化组成。大众文化是图像植根的土壤,它以其同质性、消费文化和感性娱乐文化的高度参与,为图像增殖提供可能。消费文化背后是商品化、标准化和复制化的共同参与,于是,在后现代社会中,人们将面对并要识别面目纷繁复杂、实质却归于一类的事物。这是大众文化批判理论的基本范式,也是本研究的一项重要意义。

在后现代社会中,图像成为人们认知世界的工具,图像构成了人们生活于其中的世界。科学期刊由于其内容主要依靠语言符号进行传递,且内容具有高

---

① http://blog.sina.com.cn/s/blog_1381ddad20102wnqj.html

度的专业性,因此在这一环境下急需借助图像这一最为基础和常见的媒介介入科研传播过程。这一举措在一定程度上是向大众文化审美取向的靠拢,因而引发了社会和学界的担忧。在博德里拉对西方文化的符号发展阶段的叙述中,他认为当前的符号形式为"仿像",当代文化的影像领域发展为影像对现实生活的超越和不断复制。"仿像"取消了语言符号系统中对"能指"和"所指"的划分,甚至取消了"所指"的存在,这导致意义的生成空间被挤压,也就产生了"平面化取代了深度"此类对后现代文化的描述。将博德里拉对"仿像"的阐释进行延伸,认为图像的感官娱乐功能在一定程度上会消解图像所承载的现实意义的真实性和严肃性,纷繁的视觉效果如果不能承载有意义的信息,带给受众切实和深刻的感受,它存在的意义就值得质疑。所以,如何正面引导图像和科研成果的结合,实现提升图像格调和提高科研传播效率的双赢目标,规避影像文化的弊端,是科学期刊需要重视的问题,也是本研究的主要内容。

近年来,"CNS"期刊封面上以较为稳定的频率刊登中国科研成果,伴随着的是含有中国元素的图像的一同呈现。事实上,"CNS"期刊封面图像的采用需参考两方面意见,一是论文作者团队提供的图片,二是专业设计师的意见。为了能更好地表明封面论文的中国身份,传统中国画是两方都十分青睐的图像类型,而将传统中国画置入期刊封面宣传中国科研成果,是一种明显的异质元素结合形式,这不仅表现在这种结合将打破受众的心理预设,给受众带去视觉冲击,也表现在中国画作为一种高雅艺术,将在大众文化的干预下重新找寻自己的栖身之法。

本研究中涉及的案例证明,在"CNS"期刊封面上,中国画图像与科研成果信息的结合效果良好,既回应了大众文化的审美要求,又能与图像增殖这一大众文化现实形成对抗,这表现在图像中所蕴含的现实意义得到保留和输出。本研究以"CNS"期刊封面中的中国画图像为研究对象,以图像增殖现象为切入点进行研究,联系大众文化批判理论,为国内科学期刊的视觉化和艺术化带去启示,为当前艺术与科学的整合行动提供案例参考,对国内后现代文化现行情况进行反思。

6.4.2 国内外研究现状

（1）国内研究现状

在中国知网中以"'CNS'期刊中国画封面图像增殖特征研究"为篇名进行搜索，得到的论文数量为零；搜索以"科学（技）期刊封面图像"为主题的论文，得到相关论文数量为 11 篇（表 6.1）。其中，东南大学的崔之进副教授执图像学方法，创造性地提出对科学期刊封面上的中国元素进行研究，中国科技大学的王国燕教授则着重对期刊可视化功能予以分析，两位的研究成果具有重要参考意义。

表 6.1 截至 2018 年 12 月中国知网收录题为"科学（技）期刊封面图像"的论文列表

题名	作者	来源	发表时间	数据库	被引
顶级科学期刊封面经典图像改写	崔之进	中国科技期刊研究	2018-09-15	期刊	
科学期刊封面图文信息的视觉传播研究——以《科学美国人（国际版）》为例	秦美婷，王叶竹，周荣庭	中国科技期刊研究	2018-03-15	期刊	
科学期刊封面设计新技术的相关问题探讨	周丹，周华清	中国科技期刊研究	2017-11-15	期刊	2
科学期刊封面科学与人文融合设计	周华清	中国科技期刊研究	2016-10-15	期刊	5
论封面文章在科学期刊封面中的价值体现——以《浙江工业大学学报》封面改革为例	刘岩，陈雯兰	中国科技期刊研究	2016-05-15	期刊	8
世界顶级科技期刊封面艺术学研究及对我国的启示	崔之进	中国科技期刊研究	2016-02-15	期刊	14
世界顶级科学期刊封面装帧图像学研究	崔之进	中国科技期刊研究	2016-01-15	期刊	7
科学期刊封面走向及创作机构的案例研究	王国燕，姚雨婷	科技与出版	2014-10-08	期刊	3
中外科技期刊封面图片的比较研究——基于中国国家图书馆 3635 种科学期刊的调研	王国燕，张致远，姚雨婷	中国科技期刊研究	2014-08-15	期刊	6
顶级科学期刊封面故事及图像创作者的案例研究——以 Nature，Science，Cell 为例	王国燕，姚雨婷，程曦	编辑学报	2013-12-25	期刊	9
世界顶级科学期刊科学可视化的三大特征	王国燕，姚雨婷，张致远	出版发行研究	2013-11-15	期刊	7

崔之进在文章《顶级科学期刊封面中的中国元素研究》中以顶级科学期刊封面中出现的中国元素为研究对象，将中国元素分类为"中国水墨元素""中国文化元素"和"中国科技元素"，其中，"中国水墨元素"即对中国画封面进行分析，有一定借鉴意义。崔之进提出，对国际科学期刊封面中的中国元素进行研究，既能推动中国科技输入国际市场的进程，又能帮助刷新世界对中国形象的认知。在文章《鲁宾之杯——格式塔理论在科学期刊封面中的应用》中，崔之进联系格式塔视知觉理论中的"鲁宾之杯"图像，将其应用于解读科学期刊封面上出现的共生图形，发现科学期刊封面能得益于这类图像，形成较强的视觉效果，吸引读者眼球，从而帮助科学期刊形成品牌、创造核心竞争力。

王国燕一直关注科学期刊封面故事机制及其效应，从2013年发表文章《Nature封面故事：让科技传播服务于顶级科研成果》到其最新的相关文章《国际期刊Cell特色封面故事的视觉表达研究》，共有6篇文章的主题含有"封面故事"。其中，其担任第一作者且被引数量最高的文章为《论科学成果的视觉表达——以Nature，Science，Cell为例》，该文章指出，"CNS"三刊均采用"封面故事"机制，在封面中将科研成果做视觉化处理。这为本书的写作提供了一定的依据。在这篇文章中，王国燕仅以笼统的视角对顶级科学期刊封面的视觉表达职能予以介绍，但她的相关研究并未止步于此。在其以"科学可视化"为主题的文章中，被引量最高的文章为《Nature，Science，Cell封面故事的国际比较研究》，该文章进一步提出科学期刊封面应用可视化原理能达到塑造期刊优质形象、提升期刊发行量和影响力的目的，同时推动传播封面文章中科研成果。王国燕认为，"科学和艺术本是世界的一体两面，一元化的求知和多元化的审美是人类的共同内在需求"，这正是"科学可视化"原理与"封面故事"机制联动的大前提。

除以上各具特色的研究点外，崔之进和王国燕均提出，以"CNS"期刊为代表的国际顶级科学期刊封面在科学可视化方面所做的努力值得国内科学期刊借鉴和应用。二者列举大量优秀范例从各角度进行分析，并总结道：国际顶级科学期刊封面通过可视化手法，根据每期的核心内容设计封面图片，使封面新颖且富有艺术性，成功塑造期刊高端形象，这也表明国际顶级科学期刊编辑团队对科学和艺术之间联系的认知透彻且超前,反观国内科学期刊封面,情况不容乐观。与"CNS"三本期刊对应,选取国内近年(截至 2017 年)在生物学、环境科学与工程学和系统科学领域内影响因子排名较高的期刊(《生态学报》《中国人口·资源与环境》和《中国科技论坛》),针对期刊的基本信息和封面予以简单介绍。

①《生态学报》。

《生态学报》期刊于 2015 年至 2017 年间影响因子排名在其所在领域均为第一,其封面图片更换频率为一年一次,且一直使用同一种版式,即摄影图片占据整个版面,期刊题名和相关出版信息排布在上,但并未表现任何当期内容(图 6.33)。

图 6.15 《生态学报》期刊 2017—2019 年期刊封面
(图片来源:《生态学报》期刊官方网站)

②《中国人口·资源与环境》。

《中国人口·资源与环境》期刊于 2015 年至 2017 年期间影响因子排名在环境科学与工程类期刊中位列第一,其旨在传播可持续发展的新思想、新观点、新方法,及时反映可持续发展理论与实践的最新研究成果和决策动态,然而,期刊的视觉形象显然与其核心价值不相匹配。自 2009 年至今,该刊保持同样的封面版式,封面无图片和内容信息,仅以标题的中英文艺术字组成,显然无法引起读者的阅读兴趣(图 6.16)。

③《中国科技论坛》。

《中国科技论坛》杂志是一本综合性科技政策理论刊物,面向科技政策研究者、科技管理者、科技型企业、高等学校、科研机构。与《生态学报》和《中国人

第六章 前沿科学成果中的"中国元素"图像

图 6.16 《中国人口·资源与环境》期刊 2019 年第 1 期至第 4 期期刊封面
(图片来源:《中国人口·资源与环境》期刊官方网站)

口·资源与环境》相比,该刊显然较为注重封面呈现效果,封面样式变换频率为一月一次,封面色彩和图片均有变化,图片与当期内容关联表现明显,是目前国内视觉化程度较高的科学期刊,但与"CNS"期刊可视化程度相比,仍有较大差距(图 6.17)。

图 6.17 《中国科技论坛》期刊 2019 年第 1 期至第 4 期期刊封面
(图片来源:《中国科技论坛》期刊官方网站)

(2) 国外研究现状

在 Web of science 收录的 A&HCI 核心合集中按标题"Investigation on image propagation of Chinese painting on the covers of 'CNS' journals"("CNS"期刊中的中国画封面图像增殖特征研究)进行检索,得到论文数量为 0;再以主题为"scientific journals"(科学期刊)、"covers"(封面)和"iconology"(图像学)进行检索,得到论文数量为 0;于是将搜索范围外延,检索主题为"the covers of scientific journals"(科学期刊封面)的论文,得到结果依旧为 0;故将搜

163

索范围再次外延,以标题为"journals"(期刊)和"covers"(封面)进行检索,仅得到 1 篇论文,题为"Covers of Political Journals,1910—1940",该文研究对象为政治期刊,且仅对 1919 至 1936 年间左、右翼政治期刊封面进行回顾,未涉及图像学概念。由此可见,目前国外研究科学期刊封面的领域尚为盲区。

与理论研究相比,国外科学期刊封面科学可视化实践历史可回溯至 20 世纪 60 年代至 70 年代,经验丰富。根据 Cell 期刊官方网站内的封面档案显示,Cell 期刊运用"封面故事"机制的时间已有 43 年,是最早将可视化手段应用至封面的科学期刊。Cell 期刊于创刊后的第二期即 1974 年 2 月刊就已开始在封面中植入图片,但封面文本仅限于期刊名称、发刊时间等基本信息,并未涉及期刊内容,自 1986 年 1 月始,Cell 期刊封面中出现文本以解释图片,这一形式自 1987 年开始被稳定使用,并被沿用至今。

6.4.3 创新点

本节研究创新点有三:一是选择"CNS"期刊封面的中国画为研究对象,二是引入后现代大众文化批判理论,三是本研究涉及多方面问题。

中国画是中国传统高雅文化的代表,与西方后现代社会的主要现实——"图像增殖"并置,从符号所指来看,这两个语汇差异性很大,也因此有一定的研究价值。

中国画包含着有一种画风,名为"文人画",陈师曾在《中国文人画之研究》中对这种画风予以说明:"画中带有文学性质,含有文人趣味,不在画中考研艺术上之工夫,必须于画外看出许多文人之感想,此乃所谓文人画。"这与西方大众文化批判理论中对高雅文化的定义有相同之处,"高雅文化"指"以文化或受教育程度较高的少数知识分子或文化为受众,旨在表达他们的审美趣味、价值判断和历史使命感",而大众文化与高雅文化处于对立的文化格局,具体表现在:

① 高雅文化具有自在自为的功能;大众文化则为外在的商业价值、商品交换原则左右。

② 高雅文化一定是某种优秀文化,是经过历史检验和沉淀的文化;大众文

化则为了追求市场和商业价值,趋于商品化和媚俗,这将导致大众文化的趣味是瞬时的。

③ 高雅文化是一种严肃文化,对现存文化能起到反思、批判和重建的功能;而大众文化的主要特征是感官娱乐性,往往能麻痹大众,使大众沉浸于虚假享乐。

"CNS"期刊封面中的中国画图像增殖研究是对"中国画"和"图像"背后的两种对立的文化形态的结合的研究,这一研究所带来的意义是多方面的。

6.4.4 研究目的及意义

(1) 研究目的

日常生活被无止境地植入图像是大众文化的主要现实,这需要应对之法,研究"CNS"期刊封面图像增殖的目的之一是为帮助科学期刊避免被图像侵蚀。贝尔在《资本主义文化矛盾》一书中说道:"当代文化正在变成一种视觉文化,而不是一种印刷文化。"阿莱斯·艾尔雅维茨也说道:"无论我们喜欢与否,我们自身在当今都已处于视觉成为社会现实主导形式的社会。"视觉文化对传统文化的侵占正在持续发生,居伊·德波说明图像的实质是"市场经济的专制统治",并解释道,"这种统治早已顺从于一种不负责任的至高无上的权威,以及伴随这种专制统治政体的整个新型技术"。由此我们可以得到一个因果关系,即资本的介入和干预导致技术的滥用,从而决定了人们的视野所及,改变人们的审美倾向,而资本的介入程度愈深,技术进步速度愈快,"图像统治"力度愈大,人们对图像的需求也越大,这对技术的发展又起到反作用。在"CNS"期刊封面上也存在这一关系,人们日益增长的审美需求要求期刊编辑团队在兼顾科学期刊内容的学术性之余,考虑当代审美倾向,发掘科研成果的视觉展示点,予以发散处理,构成期刊独有的视觉形象,封面图像增殖即为期刊在"读图"审美风尚中的一种求生手段。

研究目的之二是为整合艺术和科学行动提供实践方案参考。"艺术与科学从开始就具有一种互为的关系,在不同的领域和历史时期有不同的表现……19世纪下半叶以来的现代艺术是在与科学技术的整合中形成和发展的,在信息时代这种整合仍将继续,并将创造新的形式和领域。""CNS"期刊封面设计者有意识地将中国画等艺术元素置入封面,这是期刊编辑团队和科研团队对艺术和科学之间的"互为"关系的一种实践探索,从探讨图像和文本结合的路径和效果入手,可为艺术和科学整合行动提供实践依据。

研究目的之三是给图像增殖现象研究补充实例,带去思考。面对后现代大众文化的发酵,除了寻求适应之法,我们还应对这一文化最主要的现实——图像增殖进行反思。依靠复制技术批量生产的图像大量涌入人们视野,改变人们的阅读内容,从而改变人们的思维方式,消解人们深入思考的能力。通过本研究,阐释图像增殖现象的负面影响,同时提供改善方案。

(2) 研究意义

① 实践意义。

分析"CNS"期刊封面中中国画的植入方式,为国内科学期刊封面改进带去启示,为输出中国优秀传统文化提供参考路径,是本研究的实践意义。

首先,"CNS"期刊封面图片的诞生流程值得国内科学期刊学习,"CNS"期刊通常会联系封面论文作者团队提供封面图片,如不满意,期刊编辑团队再自行设计或外聘设计师进行设计。

其次,"CNS"期刊应用"Cover Story"(封面故事)机制,对提升封面故事的传播效率有极大的促进作用,对该机制展开研究,能为国内科学期刊改进带去启示,并重新定义国内科学期刊的传播职能。

研究"CNS"期刊中的中国画封面,一方面能为中国科研团队在设计论文配图时提供参考,另一方面也给国内科学期刊带去启示,提醒编辑团队可将中国传统艺术元素纳入封面图片选择之列。

② 理论意义。

"CNS"期刊封面中的中国画图像增殖研究根植于后现代大众文化批判理论,着眼于期刊封面图像,赋予该理论以新的解读角度。研究的同时应用其他学科的相关理论阐释封面图像的植入方式和效果,例如可用"陌生化"理论阐释中国画封面的生成:俄国形式主义学者什克洛夫斯基提出,"艺术的手法是将事物'奇异化'的手法,是把形式艰深化,从而增加感受的难度和时间的手法",这一理论基于对受众逐新趋异的心理的洞察,适用于了解期刊读者的阅读和消费心理,可以说,封面设计者通过在封面中加入中国画图像元素,赋予期刊封面"陌生化"效果,打破了受众的思维定势,使受众获得新颖的审美体验,产生进一步了解期刊内容的欲望,从而达到传播前沿科研成果的目的。

6.4.5 研究内容及方法

（1）研究内容

① "CNS"期刊封面中的中国画图像增殖表现。

对"CNS"期刊封面故事机制的生成和运用予以阐释,对中国画元素在"CNS"期刊封面上外延的情况进行阐释,对中国画元素在"CNS"期刊封面上的呈现进行分析。

② "CNS"期刊封面中的中国画图像增殖背景。

说明图像增殖现象产生的原因和表征,描述和分析目前科学期刊传播困境及形成原因,说明科学期刊封面图像增殖与艺术和科学整合行动的关系。

③ "CNS"期刊封面中的中国画图像增殖效用。

"CNS"期刊中的中国画封面实现了艺术美和科学美的结合,促进了封面科研成果的传播。中国画出现在"CNS"这类顶级科学期刊封面上,对中国传统艺术传承和发扬有积极作用,也帮助展现了期刊兼容异质文化的特色。

④ "CNS"期刊封面中的中国画图像增殖启示。

"CNS"期刊中的中国画封面的生成在一定程度上平衡了传统艺术和后现代审美文化的差异,与后者"快"和"浅"等表征形成对抗,帮助人们避免丧失深入思考和对传统艺术的审美能力。"CNS"期刊中的中国画封面说明中国传统艺术有可能与异质文化进行结合,从而延续生命。因此,本研究能为延续和发扬中国传统艺术的行动提供参考方式及方法。就学科发展而言,艺术和科学二者之间本就存在"互为"关系,因此延续和发展这种关系有据可循,且能帮助艺术和科学相关领域的学者开辟新的研究方向。跨学科研究、跨界合作能引导受众形成多维审美观,即对一件事物能形成多角度、深层次的审美模式,化被动为主动,适应后现代大众文化冲击。

(2) 研究方法

① 调查研究法:在"CNS"期刊官方网站上搜集中国画封面,要求中国画风格明显。

② 文献研究法:了解本课题的研究现状,搜集并研读有关科学期刊封面图像研究及图像学的文献资料,提取研究所需材料和理论,应用于研究成果的写作。

③ 图像研究法:研究对象是期刊封面图像增殖,图像是研究的材料,图像学相关理论是研究的工具,故采用图像研究法对搜集和筛选出的封面图像进行研究。

④ 描述性研究法:将论文所讨论的图像增殖的背景、表现及效用和相关理论结合,加入自己的理解进行阐释。此方法能帮助确定问题,描述现象,介绍经验。

6.4.6 中国画图像增殖意义

大众文化需要对抗策略,这出于对审美趋于同质化、日常化这一社会现状的担忧。大众文化是大众社会的产物,是英文"Mass Culture"的直译,"Mass"在英文里有"大众、群众"之意,故也可将大众文化理解为"大众的文化"。大众的一个主要特征就是同质性,"同质性指人在其个性被消解之后,彼此之间不存在质的差别,表现出明显的一致性或相似性"。20 世纪 30 至 50 年代,"大众文化"被用以指称"商业利益驱动的文化产品,特别是文化工业的典型产品"。1958 年,威廉姆斯在《文化与社会》一书中提出,文化不应只是上层的专利,自此,以"Popular Culture"代替带有贬义色彩的"Mass Culture",也意味着大众文化渗入社会的程度加深。

威廉姆斯所说的"上层"文化即高雅文化,位于大众文化的对立面,以文化程度较高的知识分子为受众,这类文化由这部分人的审美趣味、价值判断构成。而大众文化以其受众同质化、对文化商业价值的关注、传播媒介的高度参与和对感官娱乐的极度追求这些特性,与传统高雅文化形成对立。大众文化与图像文化紧密相连,"大众文化的兴起使得文化界成为一个庞大的视觉场,在这一视觉场中,文化的'互动性'得到进一步加剧:高雅文化与通俗文化之间的差别逐渐减少",借助图像的直观性和易得性,在一定程度上帮助形成更为公平的文化共享空间,提高了大众的文化层次和文化素质。但是,人们也会因为身处于这种文化环境,不可避免地逐渐失去理性思维能力和审美判断能力,面对由图像构建的大众文化,耽于视觉享乐,而不再关注图像背后的意义和价值。

中国画的流通范围在历史上很长一段时间只局限于皇宫贵族和士大夫阶层,这一阶层多受过系统性的中国传统儒家诗书教育,精英化的教育和环境,使他们对一定时期中国画审美风尚的走向起到主导作用,尤其是文人画一脉,以其喻世咏物的职能,在一定程度上是创作者所处时代面貌的侧绘,表达了对所处时代文化的反思、批判,甚至起到重建作用。因此,认为中国画属于高雅文化,是因其历史悠久,且具有独特的文化属性,与大众图像文化形成对抗格局。

大众文化是技术发展的直接后果,是工业化和城市化发展达到一定程度的社会的特有产物。

第七章
国际科学期刊封面图像的互文性

7.1 图文关系陌生化

7.1.1 引言

图像文化主导的时代,"读图"逐步取代阅读文字成为大众认识世界、改造世界的手段。戴安娜·克兰曾指出,当代文化主要依存于三种文化组织,期刊即为其中一种。在"读图时代","封面是科学期刊展示科研成果的阵地,也是体现期刊品质的首要视觉传播途径"[①]。图文关系指图像和文学的关系,在不同时代呈现不同局面。在"读图时代",这一关系表现为图像占据主导地位,文学被边缘化。

随着中国科学技术的进步,中国科学家的前沿成果多次作为"亮点论文"登上顶级国际科学期刊封面,"中国元素"在封面上的出现频率提高,也代表中国的科学文化形象在逐步提升。期刊封面独立的艺术性和审美价值也吸引了读者与学者对科学与艺术的关注,同时还代表着科学期刊的品质。

对国际科学期刊封面上的中国元素进行图像学研究,是对"读图文化"盛行现象的回应和反思。目前,中国科学期刊封面图像缺乏趣味性、艺术性,且与论文内容联系微弱,甚至完全没有关联,导致读者阅读兴趣降低,无法提高期刊的国际知名度。另外,国内学者对于期刊封面的图文关系与"中国元素"这一载体

---

① 崔之进.世界顶级科学期刊封面艺术学研究及对我国的启示[J].中国科学期刊研究,2016,27(2):136-141.

的研究极少。因此,以前沿国际科学期刊封面为对象,研究"中国元素"的视觉呈现方式,探究封面图片和"亮点论文"之间的图文关系,有助于提升中国科学期刊封面的艺术性,从而有效传递中国前沿科研成果并弘扬优秀中国艺术文化。

第一,科学期刊封面的图文关系。图像和文学的关系历史悠久,进入20世纪,电子媒介的出现和广泛运用使信息普及和公众参与程度大大提升,正如居伊·德波所言:"景象以它特有的形式,诸如信息或宣传资料、广告或直接的娱乐消费,成为主导的社会生活的现存模式。"[1]置身于"景象社会",消费图像是我们的日常行为,这也促使我们对图像的审美性、"所指"的深度、"所指"和"能指"的结合程度等提出更高的要求。

科学期刊的内容指向性和学术性强,受众大多数是专业人士,因而封面图片须和科学成果有紧密关系,能体现当期"亮点论文"的核心思想。对其他受众而言,科学期刊内容艰涩,本就不易接受,语言"能指"的局限性使阅读和理解艰深的科研成果难上加难。"能指"概念来自索绪尔的语言学结构主义,索绪尔将语言称为"记号"(sign),"所指"(signified)和"能指"(significance)构成语言。"记号"即词语呈现的整体,"所指"即词语指涉的对象本质的观念,"能指"即为表示词语的"音响形象"。这一理论也适用于认识非语言"记号",如图像。科学期刊封面由图像和文字构成,研究封面图文关系即研究图与文的"所指"及二者之间的关系。

第二,图文关系的陌生化效应。"陌生化"理论由俄国形式主义学者什克洛夫斯基率先提出,他认为"艺术的手法是将事物'奇异化'的手法,是把形式艰深化,从而增加感受的难度和时间的手法"[2],这一理论洞察了受众逐新趋异的心理,适用于了解并满足期刊读者的心理需求。在期刊封面设计方面体现为改编常规图像,并代入陌生文本,从而打破受众的思维定式,使得受众获得陌生化的审美体验,产生心理快感和进一步了解科学论文的欲望。

---

[1] Guy Debord. Society of Spectacle[M]. New York:Zone,1994.
[2] 冯毓云.艺术即陌生化——论俄国形式主义陌生化的审美价值[J].北方论丛,2004(1):21-26.

7.1.2 图文关系陌生化范例

图像的直观性能够弱化文字的抽象性而产生的理解障碍,为阅读增添乐趣;而文字的联想性和多义性又能赋予图像深层的"所指",引领受众思考。研究科学期刊封面上的"中国元素",探讨其作为图像和封面文本、指涉文本之间的关系,目的是揭示"中国元素"在封面上的图像学意义,即"除了展现中国科研水平之外,也向世界科研圈传播了中国的文化,展示这是中国人的研究成果"[1]。综上所述,"中国元素"在封面上的呈现有两层指涉:第一,指涉中国的国家形象;第二,指涉科学论文的内容。以图 7.1 为例根据图文关系的所指意义以及审美嬗变进行研究。

(1) 虚实相生的"陌生化"

2014 年 6 月 21 日出版的 *Chem Commun*(简称:*Chem Comm*)封面(图 7.1)呈现了苏州园林一景,古意盎然,是"中国元素"在封面上具有图文关系嬗变的典型范例。这期封面介绍苏州大学纪顺俊课题组对异腈化学的研究成果:由于 6-烷基菲啶的建构形成,两个新碳-碳键能在无金属条件下,通过(SP3)-H/C(SP2)-H 键功能化形成。

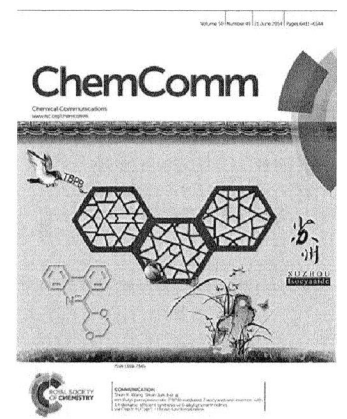

图 7.1　2014 年 6 月 21 日 *Chem Commun* 期刊封面

在这一期封面图像中,设计者将现实的再现和改编统一:漏窗和假山的组合再现了苏州园林一景,而对景物的改编使图像和文本产生了联系,具体表现为:第一,封面以直接和间接的方式呈现文本。在封面图像左上方的小鸟口中衔着枝条,上面是字母"TBPB",为封面介绍的反应中的介导物质;封面左侧书法表现的苏州蕴含作者纪顺俊教授课题组来自苏州大学这一寓意;封面论文中涉及的苯环结构式在造型上与苏州园林中常见的漏窗相似,封面正中央的漏窗

---

[1] 秦逸人. 大圣,你怎么在 *Cell* 封面上? [EB/OL]. (2016-03-18)[2019-12-03]. http://www.guoker.com/article/441276/.

图像和结构式一实一虚,间接指涉了论文的内容。第二,改编后的现实存在使读者产生陌生感,从而引发读者对于图像"所指"的思考。

(2) 意识构造的"陌生化"

2016年8月16日出版的 *Cell Reports* 将中国传统艺术皮影戏呈现于封面上(图7.2),描绘了两个皮影戏角色互动的场景:左侧人物向右侧人物伸手递交手帕。这一期封面旨在介绍东南大学陆巍教授课题组的研究成果:长期增强(LTP)是神经元连接的加强,在学习和记忆过程中起着至关重要的作用。根据胡塞尔意识构造理论,读者认识图像的行为是一种表象的客体化行为,是由直观行为(感知和想象)到非直观行为(图像意识)的过程。在此具体表现为

图 7.2　2016 年 8 月 16 日
Cell Reports 期刊封面

读者先感知皮影图像,后想象图像主题——实在的皮影戏,继而借助图像进行想象,构造关于事物的图像,即为 PKCι/λ 和 PKMζ 在 LTP 中交替出现作用的画面。在这个问题中,陆巍教授课题组描述了基本蛋白激酶 PKCι/λ 和 PKMζ 的作用,即在 LTP 早期和晚期阶段的激活模式中交替出现。设计者用皮影人物分别指代 PKCι/λ 和 PKMζ,传递手帕的动作则象征 PKCι/λ 和 PKMζ 在 LTP 中交替出现这一作用。表象的客体化行为过程最终导向封面背后的科研成果。

(3) 图像与信息之间的陌生化

罗兰·巴特曾尝试阐明摄影和语言自相矛盾的关系,其中一个方法是"把摄影'信息'划分为'外延'和'内涵',前者与照片'在类比的完成与充分表现中''虚构的'非文字状态相关,后者则与照片的可读性与文本性相关"[1]。理解这一范例中摄影"信息",更多的是对其"内涵"进行探究。另外,这组图片作为文本插图出现,根据一般读者的阅读习惯,此时图片不在文本之前,而作为对文本的

---

[1] W. J. T. 米歇尔. 图像理论[M]. 北京:北京大学出版社,2006:96,267.

"注释"出现,文字的地位跃升,文本可视化效果加强,图文关系得到最大限度地显现。

清华大学张四纯教授课题组于 2010 年 6 月 14 日的 *Angew. Chem. Int. Ed.* 杂志上发表论文《用低温等离子体探针成像质谱法对艺术品进行分析》,文章的分析对象为清华大学张新荣教授的一幅书法作品。

张四纯教授课题组采用质谱技术与低温等离子体探针相结合的方法,实现了对水墨画和书法上印章图像的质谱分析。插图 7.3a 和 7.3b 为实验的关键环节——用于质谱成像的 LTP 探针对书法作品上的印章进行检测,插图 7.3c 为印章质谱成像图。印章是鉴定中国书画的重要考据。课题组的实验将现代科技应用于艺术领域,在创新的科技成果中呈现中国传统艺术的特色,研究成果和插图结合,"中国元素"在科学期刊上以不同于封面图像的形式呈现。这组图片是未经过艺术处理的摄影图片和科学图片的组合,是客观现实的反映。图文关系具体表现为摄影和摄影"信息"的关系。

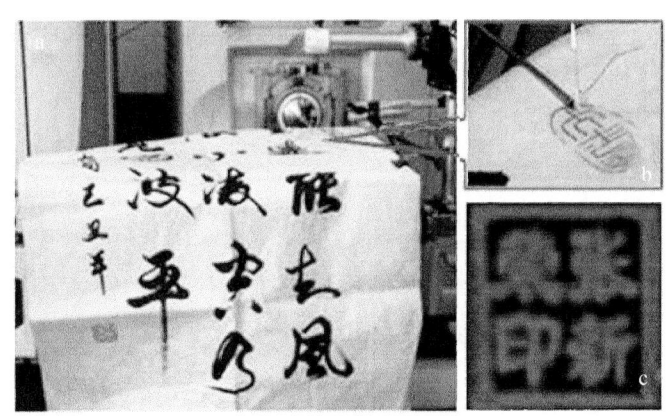

图 7.3　2010 年 6 月 14 日 *Angew. Chem. Int. Ed.* 插图

7.2　元图像的自我指涉

在米歇尔阐释的元图像概念中,向观者隐现"形象与文本之间的无人岛"的关系,即文字和形象双方共同显现的含义,具有不确定性,而这种不确定性使二者之间形成一种无限的关系。

同时,文字和形象之间的关系不一定是含义的同一方向上的互动。在图像和文本之间有一系列关系的交叉——相互间的攻击、颠覆。通过在文字和形象之间制造矛盾,纯视觉的"看"转向了视觉思维的"内视"。由此可见,科学封面中的元图像,不再是科学意义生成的关键。

2016年9月14日出版的 Chem Comm 期刊封面图片(图7.4)是一幅中国山水画,笔法秀丽,颇具元代山水画风格。

图7.4　2016年9月14日 *Chem Comm* 期刊封面

封面图像来自北京大学深圳研究生院吴云东教授课题组的成果:增加开路电压和填充系数是提高太阳能电池性能的关键。吴云东课题组利用原子层沉积法(ALD)对 CdS/CdTe/Al_2O_3/Cu新结构进行设计和建构,通过 Al_2O_3 原子层控制 Cu 扩散到 CdTe 层,因此发现一种新型的 p 型和含金属双功能的 Cu-Al_2O_3 原子层。由于 Cu-Al_2O_3 层的双功能特性发现与标准细胞相比,效率提高了2%。这种新型的双功能后连接式结构也可以被引入到其他薄膜太阳能电池中以提高效率。

科学元图像置入封面山水画图像中,指涉论文的科学信息,具体表现方式为:"断桥"上有分子式"Cu",和桥的形态有机结合,象征论文中对不同 Cu 厚度的 CdTe 太阳能电池的 J-V 特性状况的测试结果(图7.5c)。断桥左部是铜离子组成的结构,和桥体虚实结合,表现 Cu 的扩散状态。湖面小舟荡出的波纹上写有分子式和单词"Solar Cell"(太阳能电池),分子式的排列形式与图7.5a一致,指 CdTe 太阳能电池的设备结构。文本直接置入图像的表现为:画面左上角的题跋"南国燕园"是作者单位北京大学深圳研究生院的别称。

读者在接触期刊封面之初,必然遵循"图像—文本—图像"的接受过程。由于异质元素结合产生陌生感,读者转而向较为熟悉的文字"求助",希求得到对图像的阐释。读者既有的知识结构和陌生图像之间发生拉扯,实质是人既定的期待与求新趋异的心理之间存在矛盾,正是这样的心理活动产生张力美,而"陌生化"借此得以"吸引主体的审美关注,使主体获得出乎意料的审美效果"。

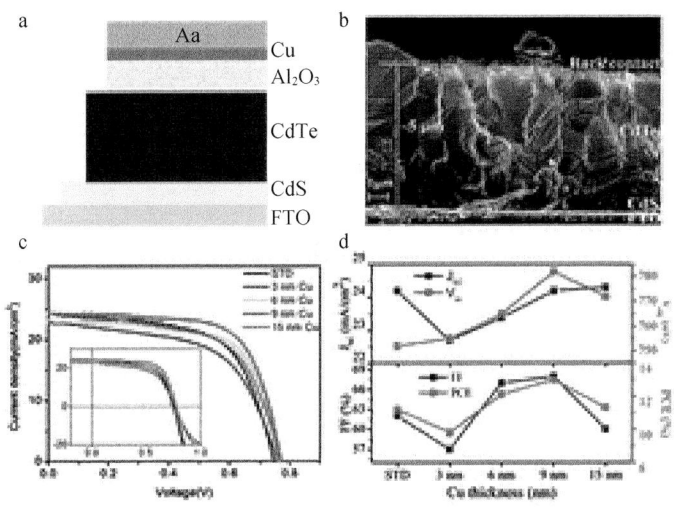

图 7.5　太阳能电池的 J–V 特性状况测试结果示意图

图像与文本背反在呈现异质元素的封面上体现明显。以 2017 年 1 月 4 日出版的 *Neuron* 期刊封面(图 7.6)为例,封面论文来自南加州大学 Brian Zingg 课题组,汇报了新型顺行跨突触病毒追踪工具,用于映射功能神经通路。封面上的中国画描绘的瀑布溪流,意指病毒颗粒自上部神经元群到下部神经元群在神经通路中顺行运输。

设计者将中国画填满版面,期刊名称及当期刊号等文本信息与绘画之间无界限间隔,意图有二:一是形成较强的视觉冲击力。当读者浏览封面时,会被占据整版封面的中国画吸引目光。二是利用图像和文本的悖反关系,促使读者了解期刊内容。关于解读图像和文本的悖反关系,画家勒内·马格利特的《形象的背叛》(图 7.7)是绝佳例证,画中虽呈现了一只栩栩如生的烟斗,但下方一行文字却解释道:"这不是一只烟斗。"该

图 7.6　2017 年 1 月 4 日 *Neuron* 期刊封面

图 7.7　勒内·马格利特的《形象的背叛》

画揭示了人们的接受心理。在接受封面和《形象的背叛》之初,均是图像先于文本吸引人们的注意力。充斥封面、气势恢宏的中国画有一定的艺术欣赏价值,而期刊名称等文本提醒读者,中国画在此必定与科研成果有关,读者从而产生困惑:"中国画为何出现在科学期刊上?意义是什么?"这一过程正如福柯所说,"《这不是一只烟斗》(《形象的背叛》)表现的是言语对物形的切入以及言语所具有的否定和分解的潜在能力。"①图像和文本的一致性不复存在,读者在图像和文本之间来回审视,希求得到答案,而答案正在期刊之中。

7.2.1 启示

2017年自然指数排行榜(Nature Index)国家(地区)榜单显示,中国以WFC7449.71位列第二,仅次于美国。在机构排行榜中,中国科学院位列第一。数据表明,中国的科研水平已经达到了国际一流水平。但是,中国科学期刊封面的水平不能与之匹配。目前,国内科学期刊仍倾向于在封面上呈现摄影图片和未经艺术处理的科学图片,或只呈现期刊名称和相关信息,一般读者难以从封面上了解期刊内容,且没有进一步阅读期刊内容的欲望。究其根本,是科学期刊的管理者和封面设计者不了解、不重视对期刊封面图文关系的加强。为改进国内科学期刊封面,研究国际科学期刊封面上的图文关系,可得出以下启示:

(1) 加强封面图像知识可视化

"当代文化中的图像转向不仅改变了生产和消费视觉文化的方式,而且就视觉性在语言中的位置提出了新问题……"②1994年,学者米歇尔提出"图像转向"概念。由于语言本身的遮蔽和局限、图像的井喷,人们越来越倾向于接受直观的、平面的图像。在"读图时代",无论是阅读文本的行为还是传播文本的手段都被挤压至边缘地带,探讨"图像社会"中文字的生存策略是一个重要课题。在科学期刊封面上,文本依托图像呈现的态势要求实现和加强封面图像知识可视化。知识可视化指用图像建构和传播知识的方式,"应用视觉表征手段,促进

---

① 米歇尔·福柯.这不是一只烟斗[M]//杜小真.福柯集.张延风,译.上海:上海远东出版社,1998:123.
② W.J.T.米歇尔.图像理论[M].北京:北京大学出版社,2006:96,267.

群体知识的传播和创新。一般来讲,知识可视化领域研究的是视觉表征在提高两个或两个以上人之间的知识传播和创新中的作用"[1]。

知识可视化的理论基础——双重编码理论认为,人有两个认知子系统,一个用于处理语言,另一个用于处理非语言对象。人类认知的特别在于两个系统能同时处理语言和非语言对象。联系双重编码理论和知识可视化的概念可得,知识可视化的实现是一个双向过程。一方面,其能将知识以图像方式传递给受众;另一方面,其能在一定程度上为受众降低语言认知的难度,帮助受众获取知识。能吸引读者从而提升科研成果传播效率的期刊封面,其形成大多基于此原理。

研究运用"中国元素"的期刊封面发现:封面设计者将不同质图像有机结合,赋予"中国元素"图像展示中国科研水平和传播中国文化的职能。"让中国元素发挥其自身的包容性、开阔性,而不再是单纯的一个符号、一种形式存在。"[2]知识可视化原理在这类期刊封面上得以深度应用,使科学美和艺术美得到更高程度的统一。

(2) 建构图文关系的"双重攀附"

在国际科学期刊封面上,传达文本信息是封面图片的首要职能,中国科研成果就是"中国元素"承载的文本信息。确立文本信息在封面中的位置,即确认"图"和"文"的地位高低。

在图文关系的嬗变过程中,"图"与"文"难分轩轾。学者高建平认为,中国"书画同源"一说是考证中国图文关系嬗变过程的一个重要依据,对研究现代图文关系具有重要意义,因为"书"与"画"的关系仍存在于现代图文关系中,即不同质元素的关系,这也为运用图文关系带去问题。针对这一问题,高建平特别提出"双重攀附"概念,认为绘画和文字之间存在这一关系:"一是论证绘画也像文字一样,具有'成教化、助人伦、穷神变、测幽微'之功,从而通过肯定绘画的伦理和认识的功能而强调绘画及画家的社会地位;二是论证绘画须接受书法的笔法,从而规定绘画的本质不等于物象的再现,而是人的活动的痕迹。"[3]理解"双

---

[1] 赵国庆,黄荣怀,陆志坚.知识可视化的理论与方法[J].开放教育研究,2005,11(1):23-27.
[2] 同上.
[3] 高建平.文学与图像的对立与共生[J].文学评论,2005(6):126-135.

重攀附"有助于我们对新型图文关系进行解读:第一,科学期刊封面图片的阅读侧重点不是其"能指"表达,而是其"所指"或内含文本;第二,封面图片的亮点在于它并非物象的再现,而是融入了设计者的创造性思维。图片具有可读性,引发读者的理性思考,从而实现图片与文本的新型"双重攀附"。

(3) 树立"文化自信"的强国之路

将"中国元素"图像与科研成果结合既符合"读图时代"的要求,也符合当下中国倡导的一项社会价值观——树立文化自信。"只有坚持从历史走向未来,从延续民族文化血脉中开拓前进,我们才能做好今天的事业。"[①]

选择将"中国元素"图像呈现于国际科学期刊封面上,是因为"中国元素"能被大多数中国人认同,并承载着中国传统文化和新兴文化,体现中国民族精神和民族尊严,是在世界范围内树立中国"文化强国"形象的有力途径。树立文化自信要求我们继承中国优秀传统文化,弘扬时代精神,向世界展示中国的文化魅力。因此,国际科学期刊将"中国元素"概念植入封面的方式值得我们学习。

7.2.2 总结

研究国际科学期刊封面图文关系,是为鼓励国内科学期刊运营者和封面设计者应用这一原理。同时,也对相关学者提出要求,即对"图像转向"的利弊进行思考。"当代的审美文化,在文化媒介转型的基础上已完成了从文字主导向图像主导,从语言艺术向图像文化转向的后现代转型。"[②]相关从业人士是否应因时制宜,转向依靠图像手段进行表达?

今天,人们置身于一个由图像呈现的世界,重图轻文是当下审美文化的特点。如果阅读图像就能获取知识和信息,在快节奏的当代社会,阅读文本就变得"不值得"。但对于速度和效率的过分追求也会产生问题。学者吴昊提出:"我们在沉溺于'读图'的感官刺激和便利的同时也在接受'图像'成为我们唯一

---

① 慎海雄. 从延续民族文化血脉中开拓前进[EB/OL]. (2014-10-09)[2019-12-03]. http//epaper. gmw. cn/gmrb/html/2014-10/09/nw. D110000gmrb_20141009_3-11. htm? div=-1.
② 张邦卫. 图像增殖:语言的式微与图像的狂欢——数字化时代审美文化的范式转型[J]. 长沙理工大学学报(社会科学版),2005(2):92-96.

认识世界和自我的方式,懒惰、被动、丧失思考、缺失精神的培养是人类在'图像时代'所面临的最大危机。"①依赖图像阅读背后确实存在隐患。

对国际科学期刊封面"中国元素"图文关系嬗变进行研究,是从更本质的层面探讨封面图片上"中国元素"的运用方式,为中国科研成果和优秀文化找到合适的结合方式和输出渠道。同时,这也为研究科学期刊封面开辟新的视角,为图文关系研究增添例证,帮助人们正确"读图",更好地理解文本,使人们的认知取向在图文关系陌生化的天平上找到平衡点。

7.3 图文关系的差异比喻与超越比较

米歇尔对于图像与文本粗暴分开做法的反对在《图像理论》中达到极致,产生所谓"文本是文本图画,图画是文本图画"的说法,也即"超越比较"。

米歇尔认为图像与文本之间不存在本质的差异,而阻碍大众对于"异质图画"认知的关键在于权力关系的存在。随着图像信息影响力的不断扩大,对于图像与文本之间关系的反思也进一步深化。米歇尔对于图像以及形象的重新定义,为我们提供了全新的视角来审视图文关系。

对于当前人们错误认识图像与文本之间重要性的问题,米歇尔提出"权力"概念。正是因为"权力"因素存在,人们对于图文关系的你中有我、我中有你的合作关系才会产生认知障碍。

图像与文本存在于不同学科,长久以来存在各种学术层面甚至是意识形态层面的斗争。当概念性事物沾染上社会权力影响,存在于事物表面再现的虚假面貌则会遮盖其本身。正如福柯看来,知识结构自古以来一直追求"相似性"②,而在"相似性"从人类认知中渐渐隐去后,"同一性"与"差异性"的考量成为人类思考事物方式的首选,概念的真理性会随着时间推移而被不断推翻与再确立,也即所有的真实都具有"时效性",这一切都源自权力关系的存在。图像与文本的混合

---

① 吴昊.图像与文学关系的历史考察——兼谈文学在图像时代的生存策略[J].文艺评论,2007(3):18-23.
② 福柯.词与物:人文科学考古学[M].莫伟明,译.上海:上海三联书店,2002:23.

是在"媒介、意识形态的深处"①,图文之间的差异同样只存在与权力关系的假象之下。经典图像既是图文关系差异比喻,也是图文关系超越比较的文化产物。

经历两次世界大战之后,社会发生巨大的变革,新科技革命和媒体变革对"经典"的存在产生巨大的冲击,"图像作为优越于文字的优势载体,其图像话语模式逐渐取代了语言文化话语模式,进而成为把握和理解客观世界的主要模式"②。经典图像成为艺术创作、科学创造的重要图像资源,被当代媒介继续应用。

7.3.1 科学期刊封面经典图像改写

"经典"是事物的标准,具有被用来引用的文化价值。经典图像是从传统文化中提炼出来,在一定时空中诞生、延续、发展,被后人不断阅读和阐释,具有一定普世价值观念和典范意义的图像。丹尼尔·贝尔在《资本主义文化矛盾》中指出:"当代社会中的文化正在转变为一种视觉文化,而不是印刷文化。随着历史的发展,图像已经成为一种普遍存在,图像的时代已经来临,并呈现出日益强化的趋势,虽然这种泛化的艺术氛围使我们有点措手不及,但我们要做的不是逃避,而是要重新审视和解读它。"③

在 Web of Science 收录的 A&HCI Article 中搜索 "investigation on rewriting classical images in cover pictures of top scientific journals"(顶级科学期刊封面经典图像改写研究),检索到的论文数量为 0;接着搜索以 "scientific journals"(科学期刊)、"covers"(封面)和 "visual-verb relations"(图文关系)为主题或者标题的论文,检索到的论文数量仍为 0,说明目前无国外学者研究相关课题。然后,将搜索范围外延扩展到 "the covers of top scientific journals"(世界顶级科学期刊封面),检索到的论文数量为 0;笔者又将搜索范围外延至 "the covers of scientific journals"(科学期刊封面),检索结果依然为 0;最后,将范围

---

① 许莉.混合的艺术:图像与语言之间——W.J.T.米歇尔"图像—语言混合论"研究[D].成都:西南交通大学,2014:54.
② 田寒.高科技语境下绘画创作图像转向的重构[J].美术大观,2017(5):84-85.
③ 丹尼尔·贝尔.资本主义文化矛盾[M].赵一凡,蒲隆,任晓晋,译.北京:生活·读书·新知三联书店,1989:156.

扩展至"期刊封面"(the covers of journals),检索出 7 篇论文,其中与本研究领域略有相关的论文仅有 1 篇马奎特(Marquardt)于 1993 年发表在 *Art Journal* 上的 *Covers of political journals*,1910—1940(发表于《艺术期刊》第 51 卷第 1 期的《政治期刊封面 1910—1940》)。该论文回顾了 1919 年至 1936 年间不同派别政治期刊的封面,既有右翼的,也有左翼的,反映了自由主义和左翼团体的激进化,但该论文没有涉及"图文关系"原理。目前国内亦无学者从"经典图像改写"角度研究过科学期刊封面。

为了探究科学与艺术之间的联系,笔者将研究对象细化为科学期刊封面上的经典名画改写。所选取的研究对象均为世界公认的具有经典意义的艺术图像,以及对其在艺术风格、构图色调、主题契合方面改写都非常成功的科学期刊封面。本研究采用西方文艺理论等方法对国际顶级科学期刊封面的经典图像改写进行研究。根据文献检索结果,目前国内以及国际均无其他学者进行这方面的研究,因此本研究具有较强的创新性和广阔的研究空间。

7.3.2 经典图像改写的内涵和外延

改写经典图像不仅是艺术创作,也是一种审美的、思维的方式。"在经典图画中,感受主要有两种功能:一是充当意向活动的'内容'(材料),在构造对象的过程中起到基础作用;二是充当认知证据,在确证认知对象的实在性时起作用。感受的这两大功能,成为支持感受必须在意识生活中存在的理由。"[①]在科学期刊封面图片上使用这种方法,为经典艺术提供有意义的、当代的、科学的阐释,使封面图片成为传播科学思想的文化现象与思潮,成为文化传承的一部分,同时具有强烈的与时俱进的效应。

每次异质文化的介入,都能使两种文化碰撞出激烈的火花,然后同时升华。当代艺术家携手科学家,以一种全新的视觉展示方式重构经典,将艺术与科技融合在一起,同时拓宽了经典、艺术与科学的维度,增强了科学期刊的传播效果。

---

① 李忠伟.论胡塞尔感受概念的经典图像及其困难[J].哲学分析,2015(6):66-81.

"经典的形成是艰难的,经过时间磨砺的经典作品在当下变革中更是面临着新的释读。这种流变和作品被读的'个性原则'使经典在解读后的改写具有可能性"[①]。改写经典图像是经典在新时代继续生存的重要方法,与传统的经典绘画作品不同,改写后的经典图像能在新的环境中焕发新的魅力。"至20世纪末,改写已成为一种全球性的文化/文学现象。用批评家哈钦的话说,当代改写作品的数量之多、种类之杂,都说明了一个事实:人类已进入了一个改写的时代,改写文化以势不可挡之势闯入了我们的文化视野。"[②]

"国际顶级科学期刊非常重视封面图片的选用,因为融合科学可视化与封面宣传为一体的期刊封面,不仅是展示全球最优秀的科研成果的重要阵地,也是体现顶级科学期刊高品质的重要传播途径。"[③]科学期刊封面应用经典图像改写方式,从艺术审美的角度传播科学原理,是艺术家对科学世界的探索。在传播业激烈的市场竞争下,应用经典图像资源,在双重或者多重空间中,转换当下语境,使科学期刊封面既具有先锋性、实验性特征,也具有科学传播价值。"借助名家之作表达对应的科研主题的创作理念,既提升期刊的品位,也拉近科学与读者的距离,彰显顶级科学期刊对于科学与艺术融合的要求。"[④]任何审美形式的创新都有一个标准,过度改写容易使观众将经典图像和娱乐消费混为一谈,降低受众的鉴赏能力,使经典的地位边缘化,对艺术创新和科学传播是有害无益的。如果经典图像的改写能够抓住受众的当代文化心理,与时俱进,就容易推动经典的发展,成为拓宽经典的一种方式。

7.3.3 经典封面图像示例

(1) 凡·高自画像

由图7.8可知,*Angewandte Chemie International Edition* 2015年第54卷第12期的封面选取的经典图像是凡·高的作品《正在作画凡·高自画像》(局

[①] 肖丽.经典改写的可能性与不可能性研究[J].文学教育,2014(4):40-41.
[②] 陈红薇.西方文论关键词:改写理论[J].外国文学,2016(5):59-66.
[③] 崔之进.世界顶级科学期刊封面装帧图像学研究[J].编辑之友,2016(1):84-87.
[④] 崔之进.世界顶级科学期刊封面艺术学研究及对我国的启示[J].中国科学期刊研究,2016,27(2):136-141.

部)。该封面论文的标题是"Plumbonacrite identified by X-ray powder diffraction tomography as a missing link during degradation of red lead in a Van Gogh painting"(X射线粉末衍射层析成像技术确定水白铅矿是凡·高的画中的红铅颜料退化过程中缺失的环节),光看标题,就明白该论文的作者已将艺术与科学完美地结合在了一起。当代很多科学家致力于研究古代绘画作品中的颜料与材料的关系,得出很多重要结论。这篇论文同样具有震撼力:红铅颜料自古就被艺术家运用,其由于时间的流逝会改变颜色,该文作者詹森斯(Janssens)等在凡·高画作的少量样本上,运用亚微米X射线粉末衍射层析成像技术,在样本的内部构架中发现了一种非常稀有的铅成分(水白铅矿)。詹森斯等还阐释了如何应用科学测试手段分析凡·高画作样本中红铅颜料的光化学降解过程,这也正是该论文最震撼人心的地方。

图 7.8　a　*Angewandte Chemie International Edition* 2015 年第 54 卷第 12 期的封面
　　　　b　《正在作画凡·高自画像》(局部)
(凡·高作于 1888 年,画布油画,65.5 cm×50.5 cm,现藏于荷兰阿姆斯特丹的凡·高博物馆)

期刊封面设计者将经典图像中凡·高手握的画笔巧妙地变形为封面中含有分子式的色彩环,并环绕在凡·高头像的前端,使得封面构图生动,又高度契合了艺术与科学相结合的主题,是一例非常成功的改写案例。

(2) 神秘的微笑

由图 7.9 可知,*Angewandte Chemie International Edition* 2014 年第 53 卷第 13 期的封面选取的经典图像是世界名画《蒙娜丽莎》,这幅名画是文艺复兴三杰之一达·芬奇的代表作,也是法国卢浮宫的三件镇馆之宝之一。蒙娜丽莎的微笑自意大利文艺复兴以来,就是一个带有神秘色彩的符号,中国有"横看成岭侧成峰",而这幅画中的蒙娜丽莎则具有"左看右看上看下看都在微笑"的特质。"真理导源于感情、信仰或某种神秘的洞见;最深邃的实在不能由理性构想,只能由心灵所感受。"[1]将"神秘的微笑"放置在科学期刊封面的右上角,起到"神秘"的暗喻作用:模拟肽的生物活性可以通过紫外光和可见光来控制,作者使用改良的短杆菌肽 S 菌群作为示例,研究结果表明,通过面罩型光反应器的照射后,菌群发生截然不同的变化,这些变化神秘莫测,与蒙娜丽莎的神秘微笑相互契合。

a　　　　　　　　　　b

图 7.9　a　*Angewandte Chemie International Edition* 2014 年第 53 卷第 13 期的封面
　　　　b　《蒙娜丽莎》
（达·芬奇作于 1503—1517 年,油画,53 cm×77 cm,现藏于法国卢浮宫博物馆）

图 7.9a 中蓝色和红色化学分子部分是指含有二芳基乙烯的环模拟肽在光的作用下发生异构化,从而不同构型的环模拟肽展现出了不同的抗菌生物活性。该期封面论文 *Controlling biological activity with light: diarylethene containing cyclic peptidomimetics*（《光控生物活性:含二芳基乙烯的环模拟肽》）报道了 Ulrich 和 Komarov 课题组的研究成果,他们使用可逆的光异构化策略得到光控的含有二芳基乙烯骨架的环状抗菌短杆菌肽 S 的类似物。

---

[1]　梯利.西方哲学史[M].葛力,译.北京:商务印书馆,2004:432.

蒙娜丽莎的神秘微笑出现在科学期刊封面上,给受众带来巨大的视觉冲击,导致受众欣赏科学与艺术结合起来的期刊封面的时间大大增加,并获得更多的审美愉悦感,这就是科学与艺术结合的益处。

(3) Paul Klee 的小山村

由图 7.10 可知,*Angewandte Chemie International Edition* 2014 年第 53 卷第 16 期封面选取的经典图像是保罗·克利(Paul Klee)的名画 *Mountain Village* 中的方块元素,论文 *Organocatalytic asymmetric formation of steroids*(《类固醇的有机催化不对称的形成反应》)阐释类固醇的有机催化不对称的形成反应。该论文封面运用与 Paul Klee 相似的艺术元素,用类似马赛克的形状来阐释类固醇的有机催化不对称反应。在类固醇中的 A 环和 B 环(左边)与 D 环(右边)通过中间绿色催化剂的作用,与蓝天融为一体。

a

b

图 7.10 a *Angewandte Chemie International* Edition 2014 年第 53 卷第 16 期的封面
b *Mountain Village*
(保罗·克利作于 1934 年,版画,54.4 cm×71.5 cm,现藏于瑞士卢塞恩的罗森加特美术馆)

此期图像的改写风格简约,并且与科学实验紧密联系,色调在基本维持与经典图像一致的前提下,进行了色彩明度、纯度的提亮处理,并增添了柠檬黄、湖蓝等纯色,使得封面效果更为吸睛。

(4) 永恒的波洛克

由图 7.11 可知,2017 年 1 月 26 日 *Nature* 封面选取的经典图像是杰克逊·波洛克创作的 One: Number 31(《第31号》)在纽约现代艺术博物馆展出的场景。封面论文阐释的科学原理:近些年群众的智慧被广泛地采用,成为确定真理的一种民主方式,这主要是因为群众对在线投票程序的热情推动了此方法的实行。但是群众不总是对的,实际上也会是"不聪明的",其原因是专业的知识不能被广泛传播。卓瑞森·普瑞雷克(Drazen Prelec)等将"民主"算法的优点,即允许任何人提出观点,和"精英"的成果相结合(将真理和少数专家的评价相结合)。这种策略建立在选取比人们能预测到的更受欢迎的答案这一基础上,而不是单单依赖于"最受欢迎"或"最有信心"的答案。波洛克是美国抽象表现主义画家,他极力摆脱欧洲绘画准则,契合美国当时的国家精神,同时进行创新,加入时间、空间等元素,将传统的三维架上艺术变为四维艺术,他在作品《第31号》中应用"滴画法",强调行动自身和场域的魅力。画家是第二次世界大战后美国民众心目中的英雄,也是战后内心具有创伤的美国人民渴望民主、自由、智慧的代言人,《第31号》和波洛克,与这篇封面论文涉及的内容有暗合之处,这期封面实际也是艺术与科学、人文紧密联系的优秀作品之一。

图 7.11　a　2017 年 1 月 26 日 Nature 期刊封面　b　One: Number 31
(杰克逊·波洛克作于 1950 年,布面油画,269 cm×530 cm,现藏于纽约现代美术博物馆)

(5) 空中飞人

由图 7.12 可知,2017 年 2 月 2 日出版的 Molecular Cell 封面借用《马戏团的空中飞人》来表达生物学原理:DNA 双链断裂修复过程中基因转化与断裂诱导复制的同源性要求和竞争。破损染色体的修复效果取决于细胞定位远处同源 DNA 序列的能力——在姐妹染色单体、同源染色体或异位点上。Mehta 课题组应用一种被称为基因转换的非交叉修复过程来修复位点特异、双链断裂（DSB）的出芽酵母，探索得到在一个断裂端和一个异位供体模板之间初次相遇所需的有效 DNA 的最短长度。将供体序列拴在 DSB 相邻处，显著提高了具有短同源性的模板的修复效率。Mehta 课题组获取第二个断裂端，完成了修复的同源性要求。

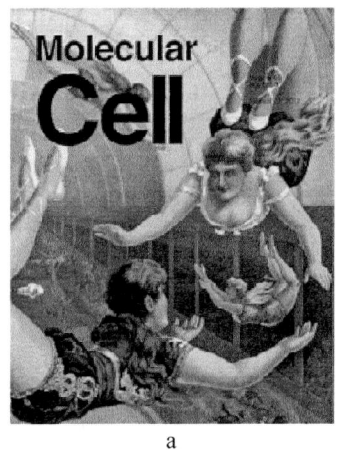 

a

b

图 7.12 a 2017 年 2 月 2 日 *Molecular Cell* 期刊封面 b 《马戏团的空中飞人》
（卡尔弗特什·莱瑟，256 pixel×857 pixel，由美国国会图书馆印刷和摄影部提供）

封面图像中的空中飞人代表 DNA 双链的断裂和修复过程，惊险而具有偶发性，形象地表达了 DNA 修复的协同过程，使得受众在观赏期刊封面时，除了欣赏惊险的马戏表演之外，也迫切地想知道与封面图像相关的论文所阐释的具体内容，由此起到激发受众阅读兴趣的作用。

（6）雪中的猎人

由图 7.13 可知，2001 年 4 月 27 日 *Science* 期刊封面选取的经典图像是《雪中的猎人》。1565 年，老布勒哲尔（Pieter Bruegel the Elder）在他的作品《雪中的猎人》中描绘了北欧尼德兰地区寒冷的风光，那一年欧洲的冬天格外寒冷。世界各地的历史和自然方面的记录都表明，在公元 1400—1900 年间的许多时期，温度要低于正常水平。欧洲的纬度一般偏高，以维也纳为例，其纬度已接近中国最北端漠河的纬度。欧洲的最北端则接近北纬 70°,属于极寒天气。老布勒哲尔的作品一般"以人为本",并且"去神化""去宗教化",以平视的角度审视创作对象,创立了平民传统画风格。

图 7.13　a　2001 年 4 月 27 日 Science 期刊封面
　　　　　b　《雪中的猎人》
（老布勒哲尔作于 1565 年,油画,117 cm×162 cm,现藏于奥地利维也纳艺术史博物馆）

此幅经典之作是老布勒哲尔创作的"春夏秋冬"系列之"冬",类似于中国画四条屏"梅兰竹菊"中的一屏。该期 Science 是关于地球各种古气候的特辑,封面左下角介绍该特辑的内容是古气候（Paleoclimate）,封面设计师选取《雪中的猎人》作为封面图片的原因是这副作品极具代表性,描绘了 16 世纪欧洲的极寒气候。

(7) 永恒的记忆

由图 7.14 可知,2013 年 7 月 21 日出版的 Nature Chemical Biology 期刊封面图片从萨尔瓦多·达利（Salvador Dali）的《在醒前一刻由环绕石榴的蜜蜂的飞行形成的梦》《比基尼岛的三尊狮身人面像》和《记忆的永恒》中获得灵感,旨在阐释光学的脉冲追踪系统展现了在突变亨廷顿蛋白半衰期中的不同之处,这些不同之处取决于神经类型。该封面图片中的老虎隐藏于神经元的上方,用老虎代表建立在内稳态的机理,决定着神经元的寿命;而大树代表着神经元的寿命,原画中的大树被封面设计者处理为人脑神经与大树;钟表代表记忆,表示神经退化类疾病,原画中软塌塌的钟表是超现实主义大师达利作品中凝固的时间与死亡的象征。该期封面设计糅合的经典图像元素较多,但元素均出于画家达利之手,可以窥见封面设计者对达利艺术作品的喜爱之情。期刊封面在设计风格方面较为统一:在色调与构图方面汲取了《在醒前一刻由环绕石榴的蜜蜂的飞行形成的梦》以海平面将画面一分为二的构图方式,在改写时,以荒野的地平线将封面一分为二;原作中的老虎是从天而降,封面设计者将老虎依托在空中的枯树枝中,与原经典图像有异曲同工之妙。超现实主义画家达利的作品经典之处在于:画面始终弥漫着梦境的鬼魅与超现实的人物形象,而此封面则成功地将超现实主义的梦幻形象与科学原理安置在同一个封面上。

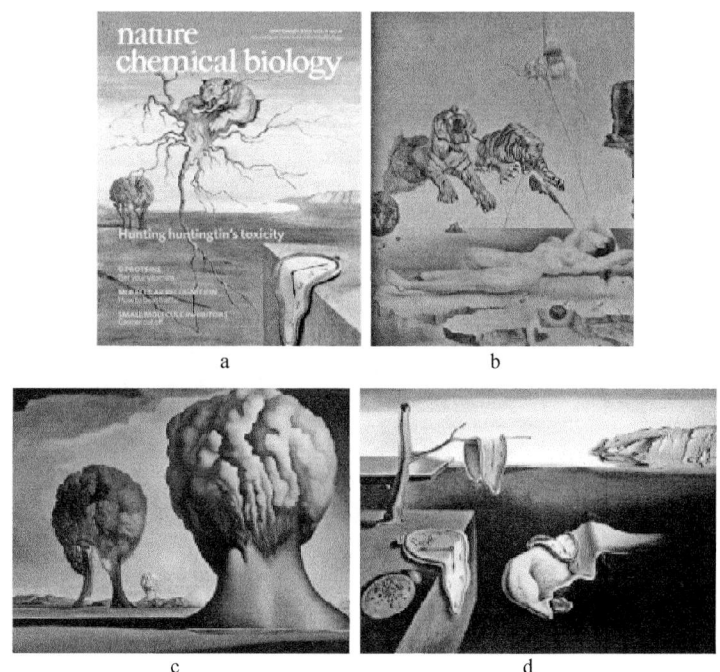

图 7.14　a　2013 年 7 月 21 日 *Nature Chemical Biology* 期刊封面
　　　　b　*Dream caused by the flight of a bee around a megranate a second before awakening*(《在醒前一刻由环绕石榴的蜜蜂的飞行形成的梦》)
(达利作于 1944 年,41 cm×51 cm,现藏于西班牙马德里提森-博内米萨博物馆)
　　　　c　*The three sphinxes of bikini*(《比基尼岛的三尊狮身人面像》)
(达利,具体创作时间/尺寸和馆藏地址不详)
　　　　d　*The persistence of memory*(《记忆的永恒》)
(达利作于 1931 年,33 cm×24 cm,现藏于美国纽约现代艺术博物馆)

(8) 议会大厦的火

由图 7.15 可知,2012 年 4 月 27 日出版的 *Molecular Cell* 期刊封面设计者对约瑟·马洛德·威廉·透纳创作的油画作品《议会大厦的大火》进行了改写。封面论文作者探索了炎性体活化的半胱天冬酶 7 对聚腺苷二磷酸-核糖聚合酶 1 的分裂可以提升核因子 κB 目标基因亚子集的表达机制。该封面图像中左方的红色与黄色火焰寓意炎症,右方淡蓝紫色寓意核因子 κB 目标基因亚子集。红色与黄色是暖色调,淡蓝色与淡紫色是冷色调,同时,橙色与蓝色是一对互补色,将具有这两对关系的色彩并置在同一个画面中,具有强烈的视觉冲击力,使受众在获得审美快感后,欲求知图像背后表现的炎性体和核因子 κB 目标基因子集的表达机制相关联的科学原理。

a

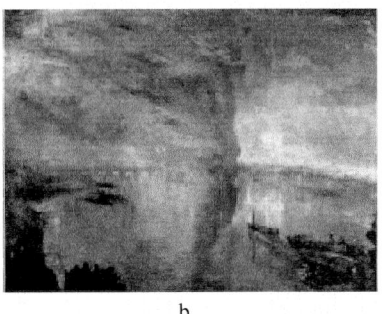
b

图 7.15　a　2012 年 4 月 27 日 *Molecular Cell* 期刊封面
　　　　　b　《议会大厦的大火(远景)》
(透纳作于 1835 年,油画,93 cm×123 cm,现藏于克利夫兰艺术博物馆)

(9) 色域绘画

由图 7.16 可知,2010 年 7 月出版的 *Nature Chemical Biology* 期刊封面选取的名画元素是美国色域抽象派画家马克·罗斯科的作品——色域绘画《白色中心——玫瑰红上的黄色、粉红及淡紫》,旨在阐释脂类化合物作为细胞的重要化学成分,是形成生物膜的基础,因为画家的色域绘画与科学原理中糖蛋白形成的色块形态遥相呼应,因此封面设计师选用了此幅作品。改写的封面旨在阐

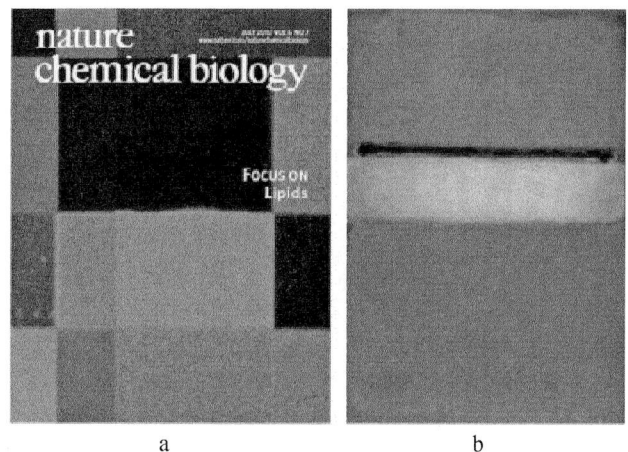

图7.16　a　2010年7月 *Nature Chemical Biology* 期刊封面
　　　　b　《白色中心——玫瑰红上的黄色、粉红及淡紫》
（马克·罗斯科作于1950年，戴维·洛克菲勒收藏）

释关于脂质双分子层拓扑结构的图像，糖蛋白在图像中以各种色块的形式表现出来，这是通过使用荧光干涉对比显微镜获得的。脂类是至关重要的细胞化学组成部分，也是生化信号传输中重要的介质，它既是细胞膜的组成部分，也是构成生物膜的基础，组织和划分细胞功能。这期囊括了一系列讨论脂类功能的现有认识和从个体层面以及在更大的生态系统中研究它们的方法的文章。封面设计者在改写经典图像时，借鉴了原作对色彩的构成与排序，并加入与科学原理契合的色块，无形中起到调和封面冷色与暖色对比的作用，不失为一幅自我整合能力较好的封面作品。

第八章
国际科学期刊封面图像学研究的经验与启发

8.1 色彩设计启示

目前,我国大部分科学期刊封面用色较为保守、单调,设计人员还没有完全意识到封面的色彩设计也是期刊营销的重要途径之一。"精心设计的封面往往令人赏心悦目,能抓住读者的眼睛,体现出一定的审美价值,并能准确地传达期刊的学科属性及学术内容范畴,使读者从封面上就可了解科学期刊的属性。这些封面设计不仅增加了科学期刊的审美价值,还可进一步发掘其潜在的收藏价值和媒体价值等。"[①]设计人员应该从封面色彩设计入手,将期刊中静态的科学技术,转化为动态的、艺术的、富有趣味的传播内容。

我国的科学期刊应该在学习世界顶级科学期刊的封面色彩设计的过程中,融入自己对于色彩的理解。例如,中华民族崇尚中和之美,将中国画、书法、版画、篆刻、画像石砖、壁画、刺绣、陶瓷等具有民族特色的美学元素,引入封面图片设计中,和我国传统的、和谐的色彩文化,建构具有中国特色的封面色彩营销策略,是推进科学期刊进步的关键举措。

在科学期刊封面设计中,色彩元素最具有视觉吸引力,在封面营销中起到重要的作用,色彩艺术原理也是最容易与市场营销结合的理论。因此,运用封面色彩营销手段,塑造封面图片的视觉形象吸引力,提升读者的注意力,提高中国科学期刊的商品价值,将成为中国科学期刊在激烈的市场竞争中取得胜利的法宝。

---

① 罗亚军.浅论科技期刊的封面设计[J].长江大学学报,2010(4):119.

8.2 视觉传播启示

世界顶级科学期刊封面,通过较高的可视化比例、多变的封面图片特征、高端的艺术品质,诠释了顶级期刊重视封面视觉艺术表达的理念,对于中国科学期刊的封面设计具有指导作用。目前,中国"期刊在品牌的塑造方面关注点大多在期刊定位、选题策划、文章质量以及栏目设置等内在方面,而对期刊的外在形象设计却关注不多"[①]。因此,中国科学期刊的封面设计应注意以下几点:

(1) 建立封面图片与科学主题的紧密联系

"一幅优秀的科学图片除了需要具备美感,更重要的是传达一个科学概念。"[②]科学期刊的封面设计担负着重要的传播使命——推荐期刊的重点论文。例如,世界顶级科学期刊 Nature,Science,每期都推荐一篇科学论文作为封面文章或者"亮点文章"。当期的封面图片的选取和设计是经过仔细推敲的,反应封面论文主题思想的图片。

然而,中国的科学期刊在封面图片的选择上,较少关注封面图片与核心科技传播的关联并为此设计封面图片。例如,《中国科学:物理学、力学、天文学》2015 年第 45 卷连续 5 期的封面都是吴作人的国画作品《无尽无极》,编辑部致谢吴作人将此作品送给李政道。此举具有人文情怀,但在那几期发表的科技论文中,并没有找到与《无尽无极》有任何联系的学术论文,令受众大感不解。由此可见,科学期刊的封面并不是简单放置一幅绘画作品或者摄影作品即可,而是要将科学成果视觉化,以传播核心科技成果。

(2) 提高封面图片的变化性

国内科学期刊封面图片具有重复的现象。从视觉效果来看,受众观看这样的封面,容易产生乏味的感觉,在一定程度上降低了科学期刊的传播功能。例如,上文所述的《中国科学:物理学、力学、天文学》连续使用吴作人的国画作品

---

① 谢晋业. 中国科学期刊刊名字体设计研究[J]. 中国科学期刊研究,2015,26(4):340-344.
② Judith G, Appenzeller T. 2013 International Science & Engineering Visualization Introduction[J]. Science,2014:343,599.

《无尽无极》,使得封面设计缺乏变化性,降低了受众对于科学期刊阅读的兴趣。国内的科学期刊可以学习一些顶级国际期刊设计团队,在每一期的期刊中选择一篇重要的研究论文作为封面论文,请论文作者邀请设计团队先行设计封面图片,交稿后,科学期刊的美编团队再进行修改与最终定稿。

(3) 建设专业的设计团队

中国科学期刊封面设计亟须专业设计团队。封面图片是科学期刊传播科技成果的重要战略平台。中国的科技成果在全球范围内能否有效传播,科学美与艺术美的有机融合将成为关键。打造中国优秀的科学期刊封面设计团队,并与科研团队合作研究,实现科学原理与数字艺术的相互融合,更好地服务于中国顶级的科研成果的有效传播,是中国科学期刊封面设计的当务之急。

综上,应厘清世界顶级科学期刊封面图片的艺术特征,在封面设计中将科学与艺术相结合,让受众在欣赏艺术美的同时,主动接近并理解科学原理与最新科研成果。

8.3 "中国元素"传播启示

(1) 提高"Cover Story"(封面故事)应用率

目前,全球仅有少量影响因子较高的顶级科学期刊编辑部采用封面图片与"Cover Story"结合的形式,对科学主题进行深层次的阐释。这种做法能够帮助读者捕捉图片信息、了解封面图片与"亮点论文"之间的联系,同时与读者分享图片的设计理念、艺术手法与象征意义,促进设计者与读者之间的艺术交流。

"向国际顶级科学期刊学习,为我国科学期刊的封面设计找到建设方案,将我国的民族元素与国际化趋势结合,提高中国科学期刊封面的艺术审美功能,推动我国的科技成果在世界广泛传播,这是增强我国科学期刊的竞争力,并与国际接轨的重要环节。"[①]

---

① 崔之进. 世界顶级科学期刊封面艺术学研究及对我国的启示[J]. 中国科学期刊研究,2016,27(2): 136-141.

中国科学期刊的封面设计较为固定与守旧，很少采用"Cover Story"的形式。因此，期刊的科学传播方式较为单一和迟缓。编辑部可以向这些顶级科学期刊的美编室学习，在每期期刊发表的论文中选择一篇有意义的论文作为"亮点论文"，并邀请该研究团队推荐设计人员，共同设计出与论文有紧密联系、具有审美特色、与时俱进甚或是具有中国特色的封面图片。此举对以美的形式在世界范围内传播中国最新的科学研究成果具有前瞻意义。

(2) 提升中国元素的审美性

中国的科学期刊常采用分子式、仪器图形为原型作为封面图片。封面图片若不具备审美性，很难产生艺术效果，在一定程度上反而降低了科学期刊的艺术美和整体品质。实际上，"科学期刊的封面图像在科学知识传播、期刊形象塑造等方面具有重要意义"[①]。因此，中国的科学期刊编辑部应重视封面设计，此举不仅可以提升期刊的影响力，还能增加形式美感。

科学期刊封面的设计要尊重民族文化，同时，也要具备先进的设计理念，才能与时俱进，登上一个新的台阶。具体应该做到以下几点：

① 注重气韵。

中国元素注重对品位与气韵的追求，不是对传统的"灰色"封面的回流，而是对中国艺术的文化内涵与素养的传承。对气韵的追求，不是回归到明清时期靡费的"书卷气"，而是超越封面形与色等形式之外的气韵，是能够让观众视线转移，形成气韵的空气流动感。

② 注重和谐。

"视觉冲击力"是近年来评判西方艺术使用的"艺术术语"。究其发生与发展，都与西方的文化土壤脱不开关系。因此，在设计中国的科学期刊封面时，不能为了跟上西方潮流，一味强调视觉冲击力，而忽略本土文化的内涵；强调绚烂的色彩，而忽略科技信息的传达功能；强调独特的风格，而忽略科学期刊内容的准确属性。

---

① 王国燕,姚雨婷,程曦. 顶级科学期刊封面故事及图像创作者的案例研究——以 *Nature*, *Science*, *Cell* 为例[J]. 编辑学报,2013,25(6):534-537.

③ 摈弃消极。

"一个没有经过任何设计的封面构图,对科学期刊内所承载的科技信息本身,可能不会发生直接的危害,但确实有碍这些信息的传达。"①中国元素中可能包含消极、保守的方面,这就要求封面设计者取其精华、去其糟粕,在设计中,积极融入西方封面设计艺术中热情积极的文化精神。

中国元素的发展可以推动科学期刊封面设计的发展;反过来,封面设计的发展又可以提高中国元素自身审美价值的发展,从而创造出具有时代精神的经典封面,将中国最新的科研成果在世界范围内快捷、有效、更具美感地传播。

目前,世界顶级科学期刊编辑部应用高科技的可视化手法、具有艺术美感的封面图片,以封面视觉艺术来表达、阐释、传播科学的先进理念。近年来,中国的科学期刊在封面图片设计方面,水平正在逐渐提高,但与前者还是存在差距,尤其在期刊封面设计的艺术审美方面。这也是未来中国科学期刊的努力方向:提升封面的艺术审美特征,在世界范围内,多维度、立体性地传播中国最新的科学研究成果。

将中国元素与科学期刊封面设计结合,促进期刊封面与中国元素这两种异质文化进行融合,为科技美与艺术美的有机结合提供借鉴。将中国元素与期刊封面结合,一方面,促进中国元素在封面设计中的实践发展,让中国元素发挥其自身的包容性、开阔性,而不再以单纯的一个符号、一种形式存在,这在一定程度上,消除了随着实践的推移,中国元素日渐消亡的可能。另一方面,以科学期刊封面为载体,大幅拓展了中国元素在期刊封面设计领域的社会意识形态,既继承了中国元素的文化性,发扬了中国民族的传统文化,同时也以美的形式传播着中国的科研成果。

8.4 国内科学期刊封面图像问题

科学家创造、欣赏科学理论时产生的美感虽然不具备形象特质,但是,他们

---

① 杨小复.科学期刊封面设计的三条美学原则[J].华中理工大学学报(社会科学版),1999(4):124-125.

与艺术家在创作、鉴赏艺术作品时产生的审美快感的本质是相同的。在科技高度发展的中国,科学期刊封面设计应当重视科学与艺术之间的融洽关系,改变长期以来封面较为单调、缺乏主题相关性的局面。我国科学期刊的封面设计一直未能形成改写经典图像的审美思维方式,有人才、资金等多方面的因素。

(1) 缺乏将艺术思维应用到科学传播中的主动性

科学探索与艺术创作是人类在认识和改造世界过程中创造的硕果。虽然科学家与艺术家的创作方式不同,但目的都是在纷繁的自然物象中找到秩序之美,在现象中揭示本质,由此,科学与艺术之间不存在不可逾越的壁垒。

我国大部分科学期刊编辑部与封面设计者认为科学是严肃的、严谨的,而不是自由的、艺术的,可以跨界的,这一想法没有意识到艺术与科学是相通的,能相互激荡与启示。诚然,科学要求定量与精准,但是科学研究也需要一定的抽象思维。线性科学中,科学与艺术时而分离、时而结合;而在非线性科学中,科学与艺术始终相互融合。因此,将艺术思维融入科学创造、科学传播是全世界发展的潮流,也是大趋势。科学期刊与其被动、消极地融入,不如主动应用,顺势而为。

(2) 缺乏跨艺术与科学的人才

改写世界经典艺术作品使之成为科学期刊的封面图像,这要求设计者既具备专业的艺术素养,能够从期刊封面上精准识别出世界经典艺术作品的雏形,又要有深厚的科学素养,能够读懂、读透各个学科的专业论文。一个学科门类的人才培养需要 10~20 年,跨学科人才的培养更是需要 20 年以上的时间,这使得跨学科人才在全世界范围内都是稀缺的。好在目前国内很多高校嗅觉敏锐,建立了很多跨学科学院,以培育跨学科人才。例如,北京大学人文社会科学研究院以人文与社会科学基础学科为主,推动跨学科交叉研究。北京大学前沿交叉学科研究院包括纳米科学与技术研究中心、生物医学跨学科研究中心、定量生物学中心、生命科学联合中心、大数据科学研究中心、环境与健康研究中心、科学史与科学哲学研究中心、睡眠医学研究中心等 10 多个机构,涵盖数学、物理学、化学、生物学、医学、工学等众多交叉学科;东南大学文科实验班包含法律、经济、英语、日语等跨专业学科。这些跨学科的尝试都是有益而前瞻的,但也缺乏打通科学与艺术这两个交叉的、异质学科的学科和院所。这是一个由科学期刊封面设计延伸的问题,是艺术与科学融合的问题,也是国内高等教育未来的发展方向。

(3) 缺乏雄厚的资金支持

当前的纸质期刊出版业受到多媒体传播的冲击,运营困难,资金匮乏。编辑部如果想让期刊封面具有美感,需要邀请专业工作室进行设计,这就需要支付一笔不菲的资金,目前国内也没有比较大型的此类公司。而西方国家在这方面的发展已经非常成熟,并且建立了一套完整的运营模式。例如,1957年Science Source 科学创意公司在美国纽约成立,专业为科学家设计相关的期刊封面。国内科学期刊编辑部可以加强线上期刊与品牌的建设,在获得更多经济利润之余,啐啄同机,对科学期刊封面进行美化。

第九章

总结

在批判图像学视阈下研究国际期刊封面的图像,归根究底是在科学高速发展的当代,借助方法论研究艺术与科学之间的关系。法国作家福楼拜曾说:"科学与艺术在山脚下分手,在山顶上汇合。"我国科学家李政道认为:"艺术与科学是不可分割的,就像一个硬币的两面,并且下个世纪就是二者会和的顶峰。"钱学森曾说:"科学家不是工匠,科学家的知识结构中应该有艺术,因为科学里面有美学。"

9.1 艺术与科学的关系

1865年,英国化学家纽兰兹把元素按原子量大小的顺序排列,发现无论从哪一个元素算起,每到第八个元素就和第一个元素的性质相近,类似于音乐上的八度音循环,他将元素的周期性称为"八音律"。1920年,我国地质学家李四光在巴黎创作小提琴独奏曲《行路难》。1993年、1995年,我国科学家李政道两次在北京举办"科学与艺术国际研讨会",并在会上做主旨发言;同时,许多艺术家如李苦禅、吴冠中、黄胄等参加会议,进行"画科学"活动,将物理概念与原理用艺术作品表现出来,由以将物理学中的"超弦理论"以画作形式表现出来,暨四维空间只是十维空间里的一根弦,堪称科学与艺术结合的经典。

印象派画家德加在作品《舞台上的舞女》中,将舞女身着的白色裙子画出紫色、蓝色、红色、灰色等颜色,这就是运用了剑桥大学瑞利教授(Rayleigh)提出的瑞利散射理论,即光线在传播过程中碰到物质会发生反射、折射、透射、散射等。同时,这也是胶体散射丁达尔现象的体现。新印象派画家修拉在作品《大碗岛的星期天下午》中,采用高于感性的、直觉的数学和物理学规律的科学方法,以

图 9.1　1877 年,埃德加·德加,《舞台上的舞女》
(粉彩,60 cm×44 cm,巴黎奥赛博物馆藏)

图 9.2　1886 年,修拉,《大碗岛的星期天下午》
(布面油画,225 cm×340 cm,美国芝加哥美术学院藏)

不加调制的暖色、冷色以及相近色、互补色小圆点组合画面,形成鲜艳和饱满的色彩效果。

9.1.1 科学与艺术都需要灵感与想象

艺术家在创作时需要灵感与想象力,科学家也同样需要。

时任南京礼部主事的汤显祖在创作《牡丹亭》时,在写到杜丽娘在对爱人的相思无望中死去时,与主人公产生共情,悲愤交加,泪如雨下,为了回避家中仆人,他特意躲进家中的柴房放声大哭,以释放情绪。超现实主义画家达利因为崇拜精神分析学家弗洛伊德,将自己所有的梦境解析为白天作画的源泉,创作出《记忆的永恒》等作品。

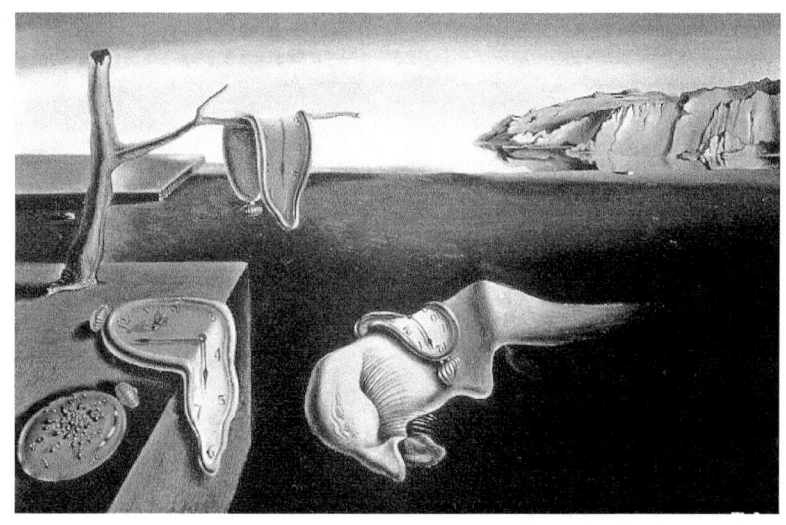

图 9.3　1931 年,达利,《记忆的永恒》
(布上油画,24 厘米×33 厘米,纽约现代艺术博物馆藏)

1928 年,英国细菌学家弗莱明在一间简陋的实验室里研究导致人体发热的葡萄球菌。由于盖子没有盖好,他发觉培养细菌用的琼脂上附了一层青霉菌,而在青霉菌的旁边,葡萄球菌竟然不见了。这个偶然的发现吸引了弗莱明,他立刻进行这种霉菌培育的实验,证明青霉素可以在几个小时内将葡萄球菌全部杀死,由此发明了葡萄球菌的克星——青霉素。这就是科学家在实验过程中,依靠灵感进行创新,一举成功的例子。

1865年，德国化学家凯库勒发表了苯环结构的论文。1890年，凯库勒在柏林市政大厅举行的庆祝凯库勒发现苯环结构25周年的大会上，他首次提到他在火炉前撰写教科书时做的梦。苯究竟有什么样特殊的分子结构呢？他在半梦半醒之间，看到碳链似乎活了起来，变成一条蛇，在他眼前不断翻腾，突然咬住了自己的尾巴，形成了一个环……凯库勒猛然惊醒，受到梦的启发，经过后期实验，他将苯分子定义为一个六角形的环状结构。

9.1.2　艺术与科学都需要逻辑

科学创新需要逻辑，艺术创造同样需要逻辑。艺术来源于生活，高于生活，"艺术的真实"就是逻辑。

电影《侏罗纪公园》获得奥斯卡奖，并获得高票房，成功的秘诀来源于科技发展的当代，电影应用了基因科学原理、科学技术细节，向受众展示出克隆恐龙——这就是科学的逻辑。电影剧本的原创小说作者是哈佛大学医学院的迈克尔·克莱顿(Michael Crichton)博士，他长期从事基因工程工作。

法国作家儒勒·凡尔纳一百多年前创作的小说中有许多天方夜谭般的幻想，如今却都一丝不差地变成现实；美国好莱坞大片将人类可能面临的灾难全部拍成电影，将人类已经发明或者将要发明的技术拍成电影，均源于对科技逻辑的成功应用。

9.2　科学对艺术的影响

科学为艺术提供物质基础与传播手段。例如，电影、电视均由科学催生并发展。冶金技术的提高、科学的发展改进了乐器的音色。例如交响乐中的木管目前都由合金与高分子材料做成，改进了以前的木头材质；当代铜管乐器中使用的铜器，也与交响乐之父海顿所处时代的铜管器材大相径庭。

科学为艺术发展提供灵感。西方现代艺术流派，例如印象派、超现实主义流派、构成主义艺术，都受到西方哲学如弗洛伊德的精神分析法、萨特的存在主义哲学、尼采的超人哲学的影响；而西方现代哲学发展的动因，则是受到现代科学技术带来的冲击。

9.3 艺术对科学的影响

艺术同样给予科学灵感与想象力,影响了科学的发展。"嫦娥奔月"是经过艺术想象的神话传说,但随着科技的不断进步,2004年,中国正式开展月球探测工程,并命名为"嫦娥工程","嫦娥工程"分为"无人月球探测""载人登月"和"建立月球基地"三个阶段,实现了将中国宇航员载送至月球的梦想。

爱因斯坦曾说:"这个世界可以由音乐的音符组成,也可以由数学公式组成。"爱因斯坦每天练习小提琴,他常常和量子论的创始人之一马克斯·普朗克共同演奏莫扎特奏鸣曲,普朗克弹钢琴。爱因斯坦拉小提琴并不能发明相对论,但可以让他从艺术那里获得灵感,学到美学原理,在科学创造中应用形象思维,发挥想象力。爱因斯坦的助手巴尼什·霍夫曼(Banesh Hoffmann)说出爱因斯坦成功的奥秘:"爱因斯坦的方法,虽然以渊博的物理学知识为基础,但在本质上,是美学的(aesthetic)、直觉的(intuitive)……除了他是牛顿以来最伟大的物理学家之外,我们与其说他是科学家,不如说他是科学的艺术家(artist of science)。"①

1919年,英国天文学家在南非观测到光线通过太阳引力场时发生偏转的角度是1.74秒,与爱因斯坦广义相对论推导的角度一致。爱因斯坦由此发声:"我相信直觉与灵感……1919年日食证明了我的推测,我一点也不惊奇,要是这件事没有发生,我倒会非常惊讶。想象比知识更重要,因为知识是有限的,想象概括着世界上的一切,推动着进步,并且是知识进化的源泉。"②

科学的最高境界是结构美与逻辑美。艺术求美也求真,科学求真也求美。科学公式、理论、实验都有美学的判断标准:结构越美,则越可能接近真理。爱因斯坦认为:凡在数学上是美的,在描述基本物理学方面很可能就是有价值的,

---

① 沈致隆.科学与艺术[M].上海:华东师范大学出版社,2018:24
② 同①

描述物理理论的数学方程式必须美。黑格尔将美学称为"艺术哲学",就是从哲学的角度研究艺术。哲学是人类理性的最高形式,它依靠美学联系科学与艺术,科学和艺术又紧密相连,无法分割。

9.4 我国科学期刊封面图像应对策略

9.4.1 创建前沿艺术科学工作室

国内很多高校以及研究院,甚至前沿的公司、企业,可以抓住当今科学与艺术融合发展的契机,建立研发型研究院、设计公司等,以进行前沿艺术科学方面的探索。相信随着中国科学的不断发展强大,很多国内顶级科学家团队在世界顶级科学期刊发表"亮点论文"之后,会产生大量与团队论文有紧密联系的封面设计需求。这类前沿艺术科学具有广阔的发展前景。

9.4.2 提升综合审美意识

科学与艺术是相通的,艺术思维与创作方法对科学研究具有促进作用。例如,在(复数方程)复数空间 $f(z)=z\times z+C$ 中,给 C 赋值,代入 $f(z)$,就能绘制出很多变化的图形。还有 $E=mc^2$ 这个公式的形式非常简洁,它将自然界普遍存在的两种形式:质量和能量,用一个光速的平方联系起来。这个公式在科学上应用的范围非常广泛,在艺术上也具有审美价值,是经典的科学之美。

艺术家齐白石的作品代表形象是栩栩如生的虾,齐白石应用想象思维,不断减少虾腿的数目,凝练出"少即是多"的留白意境。科学创作中含有简化抽象的图像特质,艺术创作中含有简化想象的思维方式,科学与艺术具有异曲同工之妙。科学期刊封面是传播科学的前沿阵地,这个阵地完全可以用艺术作为桥头堡,应用融合发展的审美意识助力科学传播。

我国科学期刊编辑部应努力提升审美趣味和审美能力,重点关注期刊封面的设计工作,加快为科学传播插上美的双翼,为在世界范围内传播中国前沿科技成果而恣意翱翔。

后 记

后 记

古有十年寒窗读书苦,一朝成名扬天下!今已十余载苦读,将是如何?

东大十年,一路走来,当此之际,唯有感恩。

问渠哪得清如许?为有源头活水来。感恩香港中文大学黄乃正院士,数年之中,言传学问,身教做人。师之做人,宽慈仁厚,淡然澄然。如果没有黄先生的耐心指导,现在的我仍旧空空一皮囊;如果没有黄先生的关心,如我之庸人,仍被各类烦恼扰之。

感恩东南大学张广军院士、凌继尧教授、陶思炎教授、徐子方教授、王廷信教授、龙迪勇教授、甘锋教授、沈亚丹教授、汪小洋教授、张志贤教授,南京大学童强教授、周计武教授,南开大学刘俐俐教授、王志耕教授、沈立岩教授、陈聿东教授、李玉平教授,天津大学王学仲教授、孙列教授、王鹤教授,中国人民大学徐庆平教授,中国艺术研究院李一教授,北京大学王岳川教授,北京语言大学杜道明教授,清华大学陈池瑜教授、王晓朝教授,北京师范大学梁玖教授,复旦大学陈思和教授、朱立元教授,同济大学孙周兴教授、李麟学教授、娄永琪教授、周洪涛教授,华东师范大学魏劭农教授、阮荣春教授,上海大学冯远教授、汪大伟教授、陈青教授,东南大学出版社张仙荣编辑、杨艳编辑,著述督导,传帮不辍。但凡有求,无不相应;吾所遇之,三生有幸。

感恩美国哥伦比亚大学 Robert E. Harrist Jr. 教授、Ada C. Mui 教授、David Rosand 教授,美国斯坦福大学曹星原教授,新泽西大学 Angela Howard 教授,哈佛大学 Eugene Wang 教授,德国 Achim Mittag 教授,奥地利 Deborah Klimburg-Salter 教授,美国匹兹堡大学高名潞教授,凡若有问,受教无穷。

感恩我的双亲!回首往事,泪如泉涌。父母含辛茹苦经年培育,无论顺境、逆境,回首总能看见他们的身影。忧愁、烦恼、无助、痛苦时,他们的慰藉、慈爱带领我走出困境。他们的爱是我奋斗的源泉！我深知，无论离家多远，家中永远为我点亮一盏明灯，激励我踏实前行。为了支持我做科研和教学工作，父母不顾年迈的身体，不辞辛苦，承担起照顾我女儿健康生活、学习成长的所有任务，毫无怨言。感恩我最亲爱的父母，舐犊情深，昊天罔极，大爱无疆，大爱无言，谨写此书慰藉他们，祝福他们健康、快乐！

感恩我的女儿！每次与课题组同学讨论时，我总是将买给她的零食——牛奶、橙汁、坚果、蛋糕、水果带给课题组同学食用。很多次，女儿打开冰箱找寻时，总是空空如也，她就会说"妈妈把好吃的拿给哥哥姐姐吃了"。每当深夜，我完成晚间给全校同学上的通识课程坐地铁赶回家时，看见早已习惯没有妈妈夜晚陪伴的女儿，搂着阿婆已经睡着，眼角还挂着泪痕……虽然，她早就习以为常，从不抱怨，但我的内心对女儿小小年纪便已自立自强有着深深的感动和隐隐的愧疚！

感恩我的先生！他给予我温暖，给予强有力的支持！我先生是一位大学教授，他平时除了完成繁重的教学、科研任务之外，总是抽出时间陪伴与辅导孩子，尽可能地为我争取时间，让我安心地做科研、辅导学生以及做大量院系以及党支部的工作。

作为母亲、女儿、妻子，我都是不称职的，我将陪伴家人的时间，全部用来做科研、义务辅导学生、帮学生修改论文、为院系和党支部做工作……熬夜是常态。但是，作为教师、科研工作者、党员，我可以自豪地说：对于工作，我自始至终都是全身心投入、毫不保留！很幸运地，我的付出获得学生们的认可，在历年东南大学学生评教中，我多次获得 99.28、98.2、97.11 等高分；我开设的全校通识课，选课人数爆满，总有学生因为选不到我的课程找我咨询申请。我义务辅导学生考取英国、美国的名校硕士，考取北京大学、华东师范大学、南京大学、东南大学等名校的硕士与博士。

最后，谨以此书献给热爱科学、热爱艺术和帮助支持我从事科学艺术研究的家人及师友们！